陈光中传

张建伟 —— 著

中国大百科全书出版社

图书在版编目（CIP）数据

陈光中传/ 张建伟著. --北京：中国大百科全书出版社，2024.2

ISBN 978-7-5202-1273-1

Ⅰ.①陈…　Ⅱ.①张…　Ⅲ.①陈光中—传记　Ⅳ.①K825.19

中国国家版本馆CIP数据核字（2024）第021890号

出版发行：中国大百科全书出版社
地　　址：北京阜成门北大街17号　　邮政编码：100037
电　　话：010-88390636
印　　制：北京君升印刷有限公司
开　　本：710 mm × 1000 mm　1/16　　印张：17.25　　字数：215千字
版　　次：2024年2月第1版　　印次：2024年2月第1次印刷
书　　号：ISBN 978-7-5202-1273-1
定　　价：78.00元

本书如有印装质量问题，可与出版社联系调换。

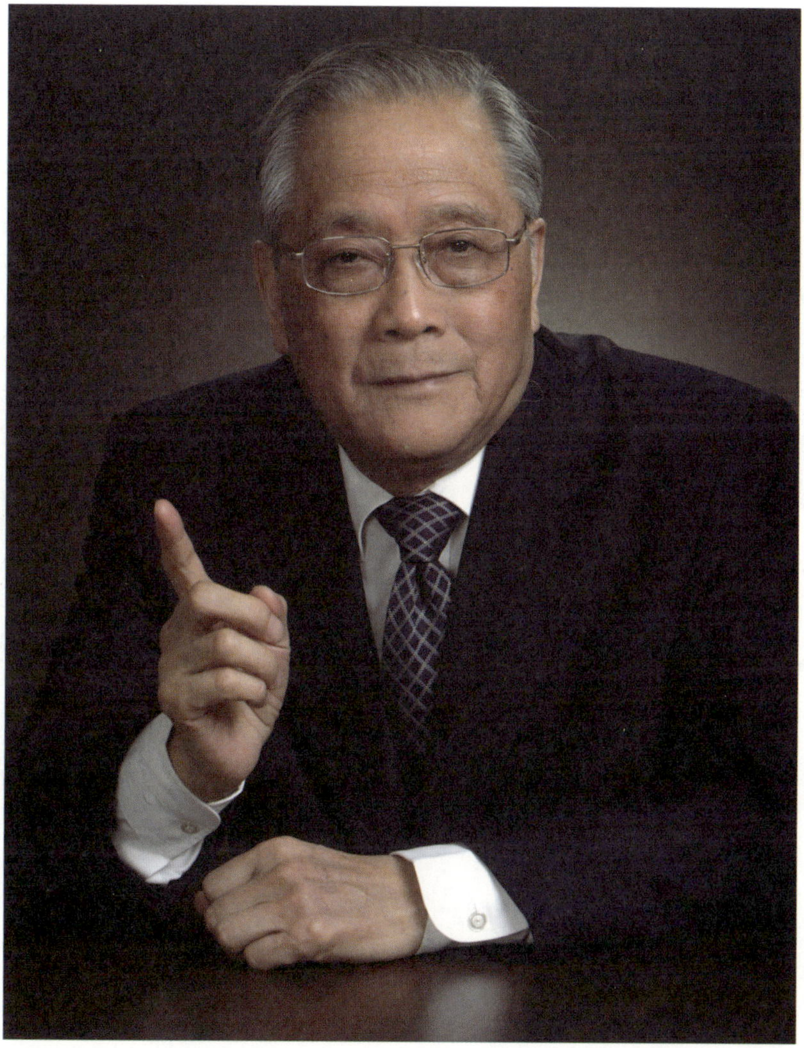

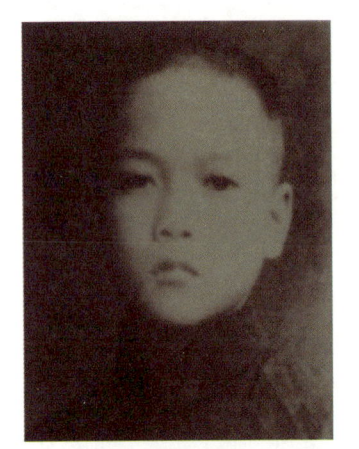

小学毕业照

高中毕业照

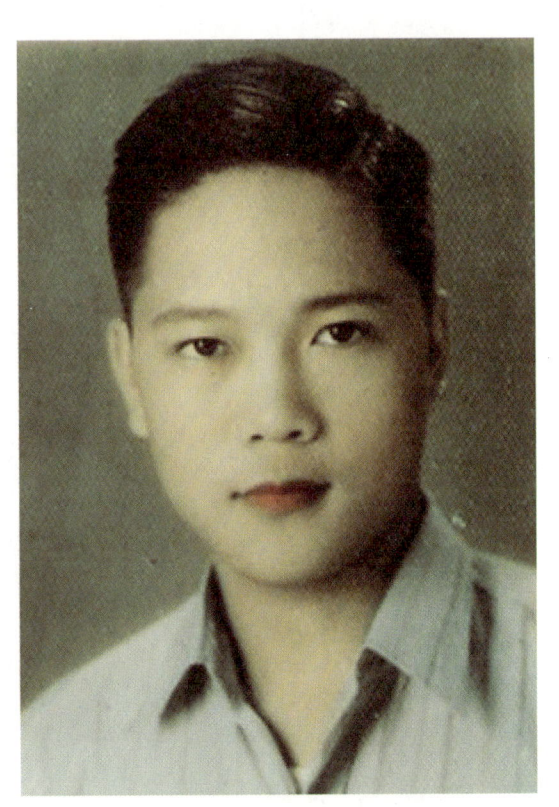

大学时代

1950年，在中山大学与同班同学合影（后排左二为陈光中）

1951年，与北京大学部分同学合影（后排右二为陈光中）

1984年,中国法学会诉讼法学研究会在成都成立(前排左五为陈光中)

1993年,为修改刑事诉讼法率专家小组访问法国(右四为陈光中)

1994年11月,中国刑事诉讼法改革国际研讨会参会人员合影(前排中为陈光中)

1996年1月,刑事诉讼法修改座谈会全体代表合影(前排左一为陈光中)

2002年9月，率课题组访问莫斯科大学法律系

2005年1月，访问英国内务部

2000 年，与 P. 葛维宝教授签署学术合作协议

2005 年，与松尾浩也教授合影

2015 年，与 F. 菲尼教授合影

2013年，在德国马普所演讲

2017年，在中德刑事诉讼法学高端论坛上发言

参加教育部社会科学委员会法学学部2017年度工作会议暨重点研究基地(法学类)主任联席会议

2017年,参加《中国大百科全书》第三版总编辑委员会成立大会(前排右四为陈光中)

与 2000 届博士毕业生合影

与 2005 届博士毕业生合影

与 2023 届博士毕业生合影

2007年，陈光中与程味秋教授（右）、周萃芳博士在加拿大蒙特利尔

2022年，与江平教授一起参加中国政法大学70周年校庆

20 世纪 50 年代与家人合影

2022 年春节与家人合影

序　言 _VII

目录

壹

楠溪江畔　年少志高 _001

家庭背景 _004

白泉小学 _007

济时中学 _008

永嘉县立中学 _011

温州中学 _012

贰

南渡北行　负笈三校 _015

以奖学金名额考入中央大学 _017

在中山大学寄读 _022

转入北京大学 _025

投身广西土改运动 _027

"坐下来，我跟你说几句话" _029

叁

头角峥嵘　意气风发 _031

随院系调整，来到北京政法学院 _033

与刑事诉讼法结缘 _038

跟随苏联专家攻读副博士学位 _041

在刑诉界崭露头角 _044

肆

尘世多违　栉风沐雨 -047

被"启发"出来的"犯严重右倾错误"言论 -049

"我们北大一块过来的，不能没有态度" -054

"组织上调整你去教历史" -056

两次参与"四清"运动 -058

乘"末班车"出去"串联" -060

在军队接管时期，受到审查 -062

在"五七"干校初学炊事 -063

到广西大学重拾教鞭 -066

伍

梧桐在京　凤兮归来 -071

久违故都，一朝归来 -073

蓟门烟树，再续前缘 -076

满腔热情，两部专著 -079

不同学术见解不是"精神污染" -083

获得诉讼法学博士生导师资格 -085

陆

众望所归　廿年掌门 _087

担任诉讼法学研究会总干事（会长）_090

一直坚持的几件事 _093

年会议题多与刑事诉讼法修改相关 _096

诉讼法学研究会 2006 年换届选举 _099

担任刑事诉讼法学研究会名誉会长 _100

柒

士不旋踵　扛起重任 _101

担任常务副校长，主管昌平校区基建 -103

稳定大局，接任校长一职 -105

海峡两岸法学交流的破冰之旅 -105

捌

修刑诉法　驰名海外 _109

1996 年刑事诉讼法修改的背景 -111

全国人大常委会法工委委以重托 -114

欧洲考察之旅 -116

组织起草刑事诉讼法修改建议稿 -117

"改革力度这么大，成效那么快，令人钦佩" -120

建言献策，推动修法 -122

《中华人民共和国刑事诉讼法修正案（草案）》审议通过 -126

玖

执策千里　再续华年 _129

他山之石，可以攻玉 -131

对国际人权公约的研究 -137

学术界的金字塔顶 -139

参加宪法修改会议 -141

反复精研，一心为法 -142

拾

矮茶高松　细心栽培 _145

中国政法大学终身教授 -147

培养研究生"十六字诀" -148

多读有用之书 -151

最重要的，是写好博士论文 -152

因材施教 -156

鼓励学生出国学习 -157

"你可以有自己的不同见解" -158

设立基金会，勉励人才 -159

拾壹

辩冤白谤　玉振金声 _161

聂树斌案存在五大疑点 -164

张志超案"显然是个冤案" -171

清晰有力的理性声音 -173

拾贰

一生治学　如琢如磨 _177

笔耕不辍，结集四卷 -179

学术思想的核心：动态平衡诉讼观 -184

诉讼是真伪是非之争，不能沦为竞技游戏 -190

对证明标准的理解 -193

关于刑事诉讼制度的纲领性表述 -194

学术观点是很难妥协的 -199

拾叁

书剑不老　镜心依旧 _203

学术研究，马不停蹄 -205

拒绝王立军聘任 -209

为刑事诉讼法再修改提建议 -210

助推《中华人民共和国监察法》的制定 -212

与《中国大百科全书》的不解之缘 -213

司法制度史三部曲 -216

《刑事诉讼法》英文版出版 -222

家庭生活：婚姻及孩子 -224

结　语 -227

附　录 -231

陈光中教授主要荣誉与获奖情况 -231

陈光中教授主要论著 -233

陈光中年表 -241

序　言

细思古往今来，谁人曾是医国手。
砚田小小，历经多少，雨疏风骤。
神州万事，沧桑几度，儒揖墨走。
到如今再看，云起龙骧，此功业、几人有？

虽是文章山斗，探新知、岂甘株守？
笔底波澜，胸中丘壑，皆成佳构。
华诞九十，剑书未老，镜心依旧。
对春朝，四海同日奉酒，云谣为寿。

陈光中先生鲐背之年，我曾写过一首《水龙吟》，表达对先生青山事业的叹羡与感慨。今为先生撰写的传记行将付梓，便想将这首词赘在前面，作为对先生一生成就的简要评价。

陈光中教授是我国著名法学家和法学教育家，新中国社会主义法学开拓者之一，也是新时期刑事诉讼法制的主要引领者。他毕生从事以刑事诉讼法学为主的教学科研工作，创立了全国第一个诉讼法学"博士点"（博士研究生培养单位的俗称），指导了120余名博士研究生和博士后，为国家培养了大批高层次法律人才。此外，他长期担任中国法学会诉讼法学研究会会长（前期称总干事，后期称会长），带领、集结全国诉讼法学界同人，促进诉讼法学研究愈加繁荣。陈光中教授在从事教学科研的同时，积极参与国家立法工作，对1996年《中华人民共和国刑事诉讼法》修改的贡献尤为卓著。

他一生著书立说，学术成果迭出，鹤发苍颜，仍然笔耕不辍；他诲人不倦，坚持讲课，有许多观念想表达，要把金针度与人；作为学术领航人，他经常组织和参加学术研讨会，到各地调研，从司法实践中捕捉学术灵感；作为中国刑事诉讼法学界首屈一指的专家，他与域外法律界进行了许多有益的交流，为中国法学赢得国际声望。他的一根弦总是绷得紧紧的，直到90岁的高龄，才因身体原因，节奏有所放缓，但仍然著述不断，推出令士林瞩目的论著，继续招收和培养博士研究生。如此繁忙的学术研究与教学工作，并未影响他对学生的学业和事业寄予殷切的关怀。

一般人大概只知陈光中教授曾经担任中国政法大学校长，并且长期担任中国法学会诉讼法学研究会会长，是诉讼法学的执牛耳者，无论是其学术成就还是其对刑事诉讼法制的贡献，都让人有高山仰止之感；熟悉他的人，对陈光中教授则各有其个人化的了解，如在陈门弟子眼中，他既是学养渊深的恩师，也是温良敦厚、可亲可敬的长者。

就陈光中教授丰富的人生经历而言，即使是熟悉他的人，所知也都不可能完整。若要全面认识陈光中教授，需要结合他迄今为止所经历的人生阶段来了解。本书就是基于这一目的写就的，试图对陈光中教授的人生历程做一个总体的记录。

能为陈光中教授作传，于我是极荣耀之事。陈光中教授虽然年事已高，但是记忆力超强，思路特别清晰，思维异常敏捷。他对过去的回忆，记录下来，稍加整理，便可成书。值得一提的是，在这本传记的写作过程中，路旸、王仲羊、唐露露等在记录、资料整理和核对方面做了大量工作，付出了许多精力。没有他们的鼎力相助，这本传记可能不会这么快就顺利完成，在此谨对他们表示感谢。

我一直认为，应当用文字或者影像的形式将老一辈法学家的经历记录下来。他们的个人史，是国家史、民族史的一部分，他们从事法律研究和教学的个人经历，随时代而浮沉，是我国政治与法制历史的一部分。因此，本书存在的意义，不仅仅是记录一位法学大家的生平事迹，还意在为我国的法律和法学的发展历程留下一份重要的史料。

需要说明的是，陈光中教授的同侪、诉讼学界晚辈和弟子，都尊称他为"先生"，他是中国政法大学极少几位有此尊称的法学大家之一。在传记写作过程中，如何称呼传主，颇为踌躇，对于先生少年时期、青年时期、中年时期和老年时期都一概称"陈光中教授"，似非合适；一概称"先生"，也觉不妥。蔡尚思的《蔡元培学术思想传记》一书，因为不是记述蔡元培平生，故全书皆以"先生"尊称之。对其他师友与时人，多直书姓名，书中提及梁启超在《清代学术概论》中所言："篇中对于平生所极崇拜之先辈，与夫极尊敬之师友，皆直书其名，不用别号，从质家言，冀省读者脑力而已。"本传记因书写先生90余年经历，不好一概以"陈光中教授"或者"先生"的称谓贯穿始终，故书中大部分皆直书其名，笔者自感冒渎，还请先生及读者谅之。

陈光中教授的经历，每20年算是一个阶段。每一个阶段，都有国家命运与个人命运的相互映衬。历史的原因，让他有春和景明的日子，也有苦雨交加的时刻，这些共同造就他跌宕起伏的人生。在他70年执教生涯中，学术思想是其重心所在。他自小就立志在人生三大功业之中以"立言"为毕生追求，这一愿望使他在特殊历史时期受挫，但经过一番苦寒之后，迎来了无限春光。几十年来，他自有定力与罗盘，始终追随青葱少年时的梦想，把学术作为自己毕生追求的志业，终成一代法学大家。

这一起伏跌宕的人生历程，正是：毕生宏愿，砥砺以求，便有趯趯，士不旋踵。

壹

楠溪江畔
年少志高

我是喝楠溪江的水长大的。

——陈光中

在传统文化源远流长的瓯越大地，有一座山水之城——永嘉，它是浙江省温州市下辖的一个县，位于浙江省东南部，瓯江下游北岸，东邻乐清、黄岩，西连青田、缙云，北接仙居，南与温州市区隔江相望。这里以水秀、岩奇、瀑多、村古、滩林美而闻名遐迩，据说是中国山水诗的发源地，也是国家重点风景名胜区楠溪江景区所在地。

这里古有"楠川山水甲东嘉，十里澄潭五里沙"之称，日夜流淌在永嘉县内的楠溪江，曾有"叠叠云岚烟树榭，弯弯流水夕阳中"之美誉。

楠溪江畔的白泉村，位于大若岩镇，为陈姓聚居繁衍之地。相传白泉村内有井，水白如玉，因而得名。古人咏白泉的诗句"溪山第一溯珍川，渠水潆回出白泉""居临白水观鱼跃，门对琴山听鸟歌"等，在当地为人传诵。白泉村地理环境得天独厚，有山环抱而四合，村舍依山而筑，前临楠溪，视野开阔，环境优美。这里水源丰沛，人烟稠密，乡风淳美。

1930年4月21日，农历三月二十三，当代著名法学家、新中国刑事诉讼法学的主要奠基人之一——陈光中，就出生在这里。"光中"这个名字,"光"字是其辈分,"光中"取"光大中华"之意。从名字中,可以看出父母对他期许之殷。

家庭背景

陈光中的祖父是当地的儒生,平时喜欢写诗,写完了就把自己的诗贴在墙上。晚上,他把上小学的孙子孙女召集在一起,让陈光中的堂伯父陈应如教他们读古诗古文。这种家庭教育,为孩子们做了最初的知识启蒙,也为陈光中打下了深厚的古文功底。

陈光中的祖父育有三子——陈班农、陈躬农、陈素农,均毕业于浙江省立师范学校(5年制)。他们入读师范学校,是因为读普通高中是自费,家里拿不出学费,而读师范学校是公费,所以就选择了最为经济、简省的求学之路。他们三人毕业后,有的在小学当老师,有的在县教育局谋了一份差事。后来,战事纷扰,陈素农、陈躬农先后到黄埔军校学习,参与北伐和抗日战争。

陈素农曾担任国民革命军预备第八师中将师长、第九十七军军长,在抗日战争中屡建战功,被誉为抗日名将。

陈光中的父亲陈躬农在抗战期间担任过国民革命军预备第八师后方办事处的上校主任,后来因病回家乡休养。回乡后,担任过温州私立建华中学语文老师,兼任永嘉县参议员。

陈躬农颇有文才,他写的诗唯一留下来的一首,是为堂侄陈光启写的悼念诗:

城郭人民半已非，

江山为重一身微。

西移仓辛遇顽敌，

东返张皇误战机。

碧血已随剑气尽，

忠魂应化鹤来归。

关河烽火连天黑，

玉树凋伤泪满衣。

陈光启为陈光中堂伯父陈应如之子，担任国民革命军预备第八师师部特务连连长，职责是保卫师部。当时师部在太行山遇到日寇伏击，他在保卫师部的战斗中壮烈牺牲。2015年5月13日，浙江省人民政府追认陈光启为抗日烈士。

陈光中的母亲汤银茶是家庭妇女，没有上过学，但是人很聪明，记忆力强。她每天操持家务，非常勤劳，辛辛苦苦将陈光中他们三兄妹抚养成人。

陈光中小时候生过一场大病，当时农村的医疗条件有限，他的母亲心急如焚，昼夜不睡地在床边照顾他。上高中时，他晚上学习得晚一点，母亲就做面条或煮好鸡蛋送过来。每次想起这些，陈光中的内心就充满暖意。他对母亲有着非常深厚的感情。

让陈家多年感到心情压抑的是，中华人民共和国成立后，陈躬农在土改中被划为地主成分，后被拉回农村批斗，自尽身亡。直到多年后，陈躬农才作为温州和平解放有功人士得到平反。

温州和平解放的主要功臣是叶芳，当时他是国民党地区驻温州的专员，也是领兵打仗的师长。论起来，叶芳是陈光中叔父陈素农的老部下，是陈光中父亲陈躬农的晚辈。叶芳调来温州当师长兼专员以后，因同陈躬农私交甚好，经常到他家里做客。温州临近解放的情况下，叶芳打算向解放军投降，迎接和平接管，这就需要找共产党组织搭上关系，并为和平解放做各方面的筹划。他手下一个秘书长代表他去上海同共产党组织联络、对接，他则同陈躬农一起谋划和平解放工作。

温州和平解放前，叶芳召集当地一些知名人士开座谈会，让大家支持和平解放之议并配合工作，陈躬农参加了会议并在会议上做了表态发言。但是，不知何故，温州解放以后，这段经历被湮灭。

改革开放以后，叶芳主动找到陈光中在温州工作的妹妹，对她说："你父亲参加和平解放的一些秘密的情况，只有我才能作证。我有责任把这个问题讲清楚，帮助你父亲恢复名誉。"叶芳给组织写了一份很长的关于陈躬农的情况说明，也给陈光中的妹妹提供了一份材料。陈光中的妹妹把这个情况告诉了他。陈光中感到此事关系重大，很快从北京赶到杭州，去见在杭州工作的叶芳。

1984年前后，陈光中和弟弟、妹妹联名给温州市委统战部写了一个报告，要求给父亲平反、落实政策。他们不仅写报告，还找了统战部负责人。温州市委统战部很重视，经过认真调查，加上叶芳的证明，陈躬农一些公开的发言也得到证实，最终组织决定将陈躬农作为温州和平解放有功人士予以平反。温州市委统战部专门下发了一个文件，正式把陈躬农定位为统战人士。

解决这个问题，对陈家而言意义很大。为父亲恢复应得的名誉，让历史的真实情况明确，对于还原事实真相，避免往生者的历史功绩被遗忘，以及解除陈家人心理上多年压着的沉重的包袱，都是必要和重要的。

父亲得到平反以后，陈光中和弟弟、妹妹根据温州市委统战部的文件，在父亲的坟前立了一座碑，记载了他作为统战人士的身份，对逝者做了一个迟到的告慰。

2015年12月25日，《温州日报》以整版篇幅刊登《满门忠烈　热血报国》长篇纪实报道，追忆陈素农、陈躬农、陈光启、陈光初4人在抗日战争中的事迹，称他们为"满门忠烈"。

陈光中的母亲没有等到丈夫平反的这一天，她78岁时去世，当时正值"文化大革命"。那个时候，陈光中远在广西大学工作，工作繁重，离家有千里之遥，交通上也很不方便，就没有赶回老家给母亲送葬。"子欲养而亲不待"，每次想起这件事，他都感到无比遗憾。

白泉小学

耕读文化是永嘉地方文化特色中极为重要的部分，也是永嘉传统文化的一张名片。在深厚文化底蕴的浸润下，永嘉境内，特别是楠溪江沿岸古村落，历来都很重视教育。

陈光中7岁开始在家乡的白泉小学读书。白泉小学虽在乡村，但是历史悠久，始建于1906年，是那时乡村地区一所颇有名气的小学。

陈光中在小学时是全班学习成绩最好的。那时学生的成绩都公布，排名第几一目了然，尤其是小学毕业成绩更要公布。当时另一位同学的学习成绩也很优秀，同陈光中并列第一。需要往上报的时候，两个第一名让老师很发愁。不能报两个第一名，老师就说陈光中年纪比较小，因此把他定为第二名。陈光中听了感到委屈，就告诉了家长。经过一番斟酌，最后学校决定以两个第一名往上报送。这次两个第一名之争，在陈光中的心里埋下了最早的关于公平的种子，他至今记忆深刻。

陈光中不是死读书的那种学生，小时候他就开始玩那些农村孩子都会玩的东西：一是象棋，那时乡下的象棋较为普及。二是乒乓球。那时的乒乓球桌不是那种正规的台面，而是用木板搭起的台面。只有学校里有张正规的乒乓球桌，大家抢着用，但不是每次都轮得上。

此外，陈光中还学会了拉胡琴。他看人家拉胡琴，曲调悠扬，为之动心，就跟着学。自己没有胡琴，就借人家的玩。后来一位亲戚见他喜欢拉琴，就打死了条大蛇，用蛇皮给他做了一把胡琴。就这样，他有了自己的胡琴。偶有闲暇，他就拿起心爱的胡琴来拉。在胡琴演奏的曲子中，他比较喜欢《良宵》《步步高》等曲调欢快的曲子。就这样，把云水拉长，把青春也拉长。拉到高中，陈光中买了一把胡琴，这把胡琴陪伴他很长时间。

济时中学

1942年春，陈光中以第一名的学习成绩从白泉小学毕业，考入济时中学。

济时中学，全称为永嘉县私立济时初级中学，是1938年7月由永嘉名士徐石麟先生、陈修仁先生协同楠溪贤达一起，为培养人才，救亡图存，在枫林创立的私立初级中学。1939年3月，校董会邀请著名教育家金嵘轩担任校长。

济时中学虽然地处乡村，交通不便，校舍简陋，但是师资力量雄厚，对学生的管理也很严格。

学校取名"济时"，即"共济时艰"之意，点明了办学宗旨。根据金嵘轩校长的解释，这是为了适应时代需要，补充时代短缺，促进乡村文化，培育战时人才而创立的学校。1940年，为方便学生入学，学校将校址迁往西楠溪中心地点渠口（渠口上方村），着手建校舍三座，并逐步完善学校的各种制度。

金嵘轩曾留学日本十多年，对当时世界先进的教育思想理解深刻。他结合中国当时的实际，提出一套完整的教育改革理念：第一，教育为救国。第二，教育为生产。第三，依法治校，激发学生的内心觉悟。故济时中学一直以"适应时代，实施乡村中学教育，培养能改造中国社会，促进民族文化之健全青年"为宗旨，以"推行地方自治，促进乡村文化，提倡生产教育，发挥劳作精神"为目标。

金嵘轩任校长不久，即为学校制定并手写了"整、齐、勤、朴"四字校训，并正式解读为：

整——大家振作精神；
齐——全体团结一致；
勤——大家为公努力；
朴——随时实事求是。

在校训的教导、激励下，陈光中开始立志，决心做一个对国家和社会有用之才。

陈光中非常珍惜烽火漫天的年代还能在济时中学安稳读书的机会。他焚膏继晷，学业大为精进。上初中的时候，陈光中爱用文言文写文章。语文课本里的古文，相当一部分他都跟着堂伯父陈应如学过了，所以上初中时他很轻松，需要应对的，主要是数理化和英语课程。

虽然在济时中学的三年时光非常艰难，但陈光中在济时中学雄厚的师资力量、严格的纪律管理下，不仅打下了扎实的知识基础，而且养成了良好的学习习惯。

济时中学的老师，除了留学日本的金嵘轩，还有陈光中的堂伯父陈应如。陈应如当时在济时中学教书，后来还做了永嘉县立中学的校长。老师中给陈光中留下深刻印象的，是讲课条理清晰、妙趣横生的陈修仁老师。陈修仁在课后教学生唱郑板桥的《道情》：

老渔翁，一钓竿。

靠山崖，傍水湾。

扁舟来往无牵绊，沙鸥点点轻波远，荻港潇潇白昼寒。

高歌一曲斜阳晚，一霎时波摇金影，蓦抬头月上东山。

那时的情景，陈光中至今记忆犹新。这首《道情》，年逾 90 的他仍能记诵。

陈光中在济时中学求学时正值抗日战争，全校师生同仇敌忾，校园内洋溢着抗战爱国的气氛。为激发学生的爱国精神，学校时常举行抗战时局报告会、出征军人家属招待会等。音乐课上，老师教学生唱抗日歌曲，如《义勇军进行曲》《松花江上》等，激发同学们的抗日热忱。

当时，温州市区被日军占领，但日军并不是一直盘踞不走，有时忽然撤防，有时又忽然出现，就这样几次占据温州市区。日军不到乡村来，偶尔派出飞机转来转去，因此乡村的生活还算平安，但是必要的防范还是要有的。陈光中回忆说："我们在乡下，为了躲避日本飞机的轰炸，常常是两头上课，一早一晚。早上很早起来读书，晚上点着煤油灯统一晚自习。其他时间，我们就到山里头、河边、树林里躲避。"

那时的学习生活带有军事管理色彩，每天作息信号不是打钟摇铃，而是吹号。早上学生们先在操场上排队唱歌做操，然后再用餐。天晴日，必在早、晚餐前举行升降国旗仪式，一听号声便需快速集合，时间不超过3分钟，并要求做到"快、齐、静"。学校以此训导学生适应战时环境，养成严明的纪律。

陈光中没有做过班干部，因为他不是最遵守纪律的。但论学习成绩，他当仁不让，是班上成绩最优秀的几名学生之一。

永嘉县立中学

1945年春，15岁的陈光中初中毕业，以第一名的成绩考入永嘉县立中学。永嘉县立中学的前身为永嘉蚕学馆，由近代经学大师、教育家孙诒让于1897年创立。该校发端的另一种说法是，1931年2月由旧温属联合县立中山蚕科职业学校、旧温属联合县立中山商科职业学校、旧温属联合县立女子中学三校合并而成的"旧温属初级共立中学"。1942年，更名为永嘉县立中学。1949年8月，更名为温州市立中学。1954年，学校重新选址于海坛山麓。同年，浙江省教育厅决定将各地中学校名按数字排列。1954年8月，温州市立中学更名为温州第二中学。1997年，高中部迁至黄龙新校区，现称"温州第二高级中学"；初中部则留在老校区，保留"温州第二中学"校名，又称"温州第二中学海坛校区"。

高中一年级上半学年，学校在永嘉岩头的乡村（今永嘉枫林），陈光中家离学校比较远，为了学习方便，陈光中就住在学校附近的农民家。上半学年结束后，学校搬到永嘉县城（今温州市区）。陈光中家也搬到县城，他开始进城读书。

后来，浙江省立温州中学（今温州中学）搬到永嘉县城，温州中学的教学质量和学生水平都比其他学校的要高一些，陈光中就在1946年转学到温州中学读书。到永嘉县城生活和读书，对陈光中来说，无疑是一个惬意的选择。就这样，陈光中的高中三年，第一年在永嘉县立中学学习，第二年和第三年在温州中学就读。

温州中学

温州是一个很有魅力的地方，南宋时杨蟠在《咏温州》中称此地："一片繁华海上头，从来唤作小杭州；水如棋局连街陌，山似屏帷绕画楼。"清代孙扩图在《温州好·调寄忆江南》中曰："温州好，丰乐太平时。海有鱼盐无寇盗，民安耕织保妻儿。帝力少人知。温州好，别是一乾坤。宜雨宜晴天较远，不寒不燠气恒温。风色异朝昏。"

陈光中就读的温州中学创办于1902年。当年，孙诒让商请温处道童兆蓉和温州知府王琛，将温州府属中山书院改为温州府学堂，所以浙江省温州中学初名为"温州府学堂"。1906年，温州地方当局决定以旧校士馆为址创建温州师范学堂，1908年学堂建成。这所师范学堂，后来先后易名"温州师范学校""浙江第十师范学校"。1923年，教育部新学制（壬戌学制）要求将各地省立师范学校并入当地省立中学。浙江第十师范学校和浙江省立第十中学校合并，校名仍是浙江省立第十中学校。1933年学校改名为浙江省立温州中学。1939～1945年，温州三次沦陷，学校数度迁址，先后在青田水南、村头、南田和泰顺江口等地办学。日本投降后，温州中学才迁址到永嘉县城。

这所学校非同一般。创办人赫赫大名自不必说，曾经任教温州中学的就有后来声名显赫的文学大家朱自清、夏承焘等，苏步青等多名数学家毕业于这所学校，戏剧专家王季思等著名学者也出自这所黉园。朱自清为温州中学校歌写的歌词，可以说代表了这所中学的精神：

雁山云影，瓯海潮淙，看钟灵毓秀，桃李葱茏。
怀籀亭边勤讲诵，中山精舍坐春风。
英奇匡国，作圣启蒙。上下古今一冶，东西学艺攸同。

歌词中"英奇匡国，作圣启蒙"后来成为温州中学的校训。

1954年8月，校名改为浙江省温州第一中学，学校由完全中学改为高级中学。1959年，学校为全省16所重点中学之一。1978年，学校重新被确定为省、市重点中学。1985年，学校复名"浙江省温州中学"，并再次由完全中学改制为高级中学。

在温州中学，陈光中在努力学习的同时，积极参加学校组织的一些学科竞赛。他印象深刻的是学校组织的一次征文活动，学校出题目，学生自由选择是否参加，主题是温州中学。陈光中抽时间写了一篇文章投稿。后来征文结果出来，获得第一名的是高铭暄，第二名是陈光中，温州中学的校史馆里至今还保存着当时的征文。高铭暄、陈光中这两位新中国刑法学、刑事诉讼法学大师级的学者，名字第一次连在一起。多年后想起这段渊源，陈光中很是开心。

高中时，陈光中就读的是理科班，但文科成绩也不错。到了报考大学时，究竟报考理科专业还是文科专业，需要做一个决定。经过考虑，陈光中决定报考文科专业。因为他当时喜欢社会科学，很想在社会科学方面有所建树。

多年后，他谈起自己的人生体会："我感觉小学、初中、高中这几个时期都很重要，如果硬要找一个突出点，我认为是高中。小学和初中是打基础，到了高中，差不多就是人生的转折点了。15岁到18岁，正是走向成年人的阶段，高中最重要的是确立人生观和价值观。高中做好了选择，很可能就是决定了这一生的路该如何走。如果高中没有学会读书做人，胸无志向，以后的人生道路就没有奋斗目标，缺乏前进动力。"

我们无从了解这所中学深厚的文化蕴藉给年少的陈光中打下了哪些烙印，但是从他立志于学，后来卓然成家，熔古今于一炉，纳中外于一箧，不免让人想到校歌中这句话："英奇匡国，作圣启蒙。上下古今一冶，东西学艺攸同。"

贰

南渡北行 负笈三校

北大追求民主、科学和爱国主义的传统，勤奋治学和自由探讨的学术氛围影响了我的一生。

——陈光中

1948年春天，陈光中高中毕业。

那时的温州中学春秋两季都招生，相应地，毕业生也分为春季毕业生和秋季毕业生。陈光中毕业的时候，正是江南草长莺飞的春季。那时大学是秋季招生，通常是夏季进行入学考试。因此，陈光中高中毕业后在家"赋闲"了半年。"算真闲、不到人间"，这半年陈光中并没有真闲着，而是闭门复习功课，一心为考大学做准备。为了提高英语成绩，他特意拜一位英语老师为师，每周都去他那里学习几次。

等到青山如碧、百花争艳的时节，他到上海和南京两地参加了1948年度的大学招生考试。

以奖学金名额考入中央大学

民国时期有公立大学、教会大学和私立大学三类高校。1937年之前，所有大学实行的都是灵活的学校自行招考。1938年，国民政府教育部第一次实施公立大学全国统考，设立了全国统一招生委员会，负责制订招生简章，命题阅卷及录取标准，制订及颁布试题，复核成绩，以及决定及分配录取学生，并负责研究招生制度的改进及其他相关事宜。1938～1941年大学全国统考时，全国设武昌、长沙、吉安、广州、桂林、贵阳、昆明、重庆等12个招生区，每个招生区有自己的高考试卷。南京、上海、北京沦陷后，这些地方的大学只能自己招生。1941～1949年，国民政府或因抗战或因内战，无法组织起公立大学全国性统考。

无法举行全国统考，国民政府教育部便推出妙招，将全国划分为若干考区，实行"联合招生"和"委托招生"制度。各考区由一所大学牵头，组织联合招生，联合招生的各校使用同样试题进行考试。考试报名、命题、阅卷等事宜，由各考区自行决定。这就需要各大学在时间上互相协调，错开时间，以免让学生吃亏。各校招生名额由教育部审核，招生不足，还可组织第二次考试。北京大学、清华大学、南开大学这三家"西南联大"的高校联合招生，考生可以选择其中一所报考，题目都是一样的。

陈光中选择报考清华大学、中央大学（今南京大学）、武汉大学等几所大学，凡他所选，都是法律专业。及至考试结果揭晓，蟾宫折桂，他考上了清华大学和中央大学。这两所大学是同一档次的学校，都承诺给予他奖学金资助。这意味着大学入学以后，他每个月都能获得学校提供的生活费，可以为家里节省一大笔费用。这让他十分兴奋。当时只有考试成绩排在前20%的学生才有奖学金，譬如录取30名考生，只有6个奖学金名额，成绩优异者才有此优遇。

选择攻读法律专业，是陈光中一贯的坚定想法。他立志当学者，期望未来成为法学教授。那时最热门的，就是经济学、法学这两个学科。这两门学科应用性强，学成之后，不难找到事做。两个学科相比较，法律对他更有吸引力。他的想法是，法律不像纯粹的文史哲等学科较为空泛、应用性没有那么强。至于热门的经济学，虽然应用性也很强，但陈光中兴趣不大，这属于他个人的偏好，迁就不得的。

选择什么职业，除了志趣之外，也经过一番现实方面的考虑。报考法律系还有一个理由：学法律，进可以做学者，退可以做律师，可谓进退有据，不至于一脚踩空便无着落。他内心的想法是，将来毕业不去当一名推事（法官旧称）。他觉得当律师比较自由，可以不受官衙里各种俗务的羁绊。"要了三年乞丐饭，给个知县也不干"，他舍不得那份自由和安宁。

温州经济发达，少不得需要律师提供法律服务。有一些律师，社会地位高、经济条件好，社会上人人称羡，是值得从事的职业。陈光中曾随父亲去过他父亲的律师朋友家里，那次拜访让他很受触动。那时候街上跑的都是黄包车，这位律师有自己专用的黄包车。这让年少的陈光中觉得当律师很不错，家里的生活条件优裕，在社会上也有名气，受人尊崇，同时又能利用自己的专业知识帮助他人。

两相比较，陈光中更想去清华大学读书。当时清华大学已经是一所名校，因美国退回庚子赔款的缘故，清华大学可以聘请到国内最知名的教授，朱自清、闻一多等人都是清华大学的教授。早在1929年，清华大学就成立了法学院，开始并没有法律学科。1932年经教育部批准，法学院正式添设法律学系，并提出"本学系宗旨，系对于应用及学理两方面，务求均衡发展，力避偏重之积习，以期造就社会上应变人才，而挽救历来机械的训练之流弊"。可惜好景不长，1934年时国民政府教育部又下令清华大学停止招收法律学系学生。1946年10月，清华大学在北平（今北京）复校后，在梅贻琦校长的支持下，法学院重设法律学系，由赵凤喈先生担任系主任。清华大学研究院法科研究所也一并恢复，由陈岱孙先生任所长，赵凤喈先生兼任政治学部主任。是时，法律学系开始招生，并因为学生数量少而招收转学生。因此，到清华园学法律，对陈光中来说，不失为一个理想选择。

不过，时势却让他改变了想法。尽管他属意清华园，但适逢战时，津浦铁路中断。从温州到北平要坐轮船，一路辗转，兵荒马乱，存在一定风险。家里人觉得他年纪尚小，去北平读书不太安全，就建议他就近入学，于是他决定就读中央大学。

他在中央大学念了4个多月，到寒假时就回家了。这几个月，他初步感受到大学氛围的确与中学大为不同。大学很自由，学生对知识的渴求相互感染，大家的思想也活跃。只不过，他在南京人生地不熟，也没有参加什么课外活动，一切还在熟悉过程中，他还没有完全融入那所大学的氛围。多年后，他再回忆那段时光，对在中央大学学习和生活的记忆都很模糊了，只记得有必修课和选修课之分。那时的中央大学，校园分布在几处。他就读的法律系以及他曾经的住处在哪里，都像遥远的灯光，摇曳而模糊。那短短的几个月，他后来回想起来，宛若一场幻梦。

南京是当时国民政府的首都，是国民党的统治中心。虽然如此，但国统区内大学的思想氛围整体却相当自由。学生中有保守派，也有进步派。保守派一如其名，并不活跃；进步派的学生则不然，他们一般来自中国共产党的外围组织。学校开联欢会的时候，有学生竟然唱解放区的歌曲《团结就是力量》。

当时有两首解放区的歌曲传到国统区来，一首是《解放区的天》，另一首是《团结就是力量》。前一首政治意味太明显了，后一首则含蓄些。人们在游行时，常唱的歌曲就是——

团结就是力量

这力量是铁

这力量是钢

比铁还硬

比钢还强

向着法西斯蒂开火

让一切不民主的制度死亡

……

若深究起来，人们当然会注意到它的政治色彩。好在当时没有人就此发难，因此不少人受到这首歌的鼓舞。这首歌，让陈光中感到学校里面是有进步力量的。

陈光中在中央大学度过了4个多月平静的大学一年级时光。回家以后，再开学要不要回南京上学成了一个需要重新考虑的问题，全家人举棋不定。那时候南京风雨飘摇，渡江战役即将打响，家里人非常担心他在南京读书的人身安全问题。

当时，国民政府教育部为了安排不能或者不愿意到解放区上学的学生，实行寄读制度，学生可以申请在国民党治下任何一所大学寄读。比如清华、北大的学生，不能回到北平就读，可以在国统区任何大学寄读，只要有证明就可以。

南京战事紧张的时候，陈光中的叔父陈素农正在广州附近的陆军军官学校第六训练班当主任，陈光中的家人于是建议他去中山大学寄读，这样可以得到他叔父的照顾，暂避战祸。他一想，这个办法可行，就这样决定下来。于是从1949年春季开始，陈光中就去了羊城，到中山大学寄读。

在中山大学寄读

春节过后，陈光中到了中山大学，过上了寄读的日子。他在广州一共待了一年半时间。

在中山大学，他所在的那个班有十几名学生，有本校的，也有如他一样来寄读的。

当时中山大学法学院的院长为曾昭琼，是从日本留学回来的，主要讲授古典的刑法学流派，比如刑事古典学派创始人 C. 贝卡里亚、刑事人类学派创始人 C. 龙勃罗梭等人的学说。刑法课程的内容，引起陈光中很大兴趣。曾昭琼讲课时不用教材，只用一支粉笔，就能把课程系统地讲下来，每堂课条分缕析，非常精彩。他讲话速度适中，能让学生大体跟上节奏，记下笔记。一门课听下来，陈光中记录了满满一大本子。多年后，他回忆说："我在大学里对刑法开始感兴趣，主要源于曾昭琼教授的讲课，但是后来搞起刑诉来，是组织分配的。"

在中山大学结下师生缘之后，陈光中时常想起曾昭琼先生。中华人民共和国成立后，全国大学院系调整，曾昭琼从广州的中山大学调到武汉的武汉大学工作，两人未能再见面。多年以后，因为编纂《中国大百科全书·法学》第一版的缘故，陈光中和曾昭琼老先生又见了一次面，师生睽违已久，相谈甚欢。

在中山大学就读的日子，陈光中有一个思想上的变化。他开始思考政治问题，这成为他人生的一个重要转折点。北方的战事，促使他进行更深层次的思考，国民党军队节节败退，乃至颓势一发不可收拾，他认为根本原因是政治问题。

在观察与思考政治的过程中，陈光中接受了进步思想的熏陶。中山大学法律系有中共地下党组织的存在。中共地下党能够在每个班里近距离观察所有学生的政治倾向，确定谁是倾向于进步的，谁是偏保守或者反动的。留意到陈光中的进步倾向，中共地下党组织的人暗中对他考察，确定他的政治倾向之后，便找他参加读书会，让他接触更多的进步读物。

以读书会的形式教育、培养进步学生，比较隐蔽和巧妙。组织读书会的，是中国共产党领导的外围组织。参加读书会，一般是四五个人组成一个小组。读书会活动都是晚上9点半以后开始，选择一个偏僻的房间，几个人集中在一起，由地下党组织临时发给大家进步读物，如艾思奇的《大众哲学》，这本书在国统区是可以公开发行的，内容讲的是辩证唯物主义哲学。还有一些毛泽东的著作，如《在延安文艺座谈会上的讲话》《论人民民主专政》等，这就属于秘密读物了。这种秘密读物是在读书会活动开始时才下发，大家坐在一起当场看，边看边讨论，看完后书马上被收回。有一次，大家正在看书，突然国民党特务来搜查，幸好组织者事先有所准备，应对自如，总算有惊无险，但是也让大家紧张了一阵。

越临近解放，局势越紧张，国民党特务越加紧留意大学生的政治动向，有时晚上突击搜查一些大学，以期抓获"颠覆分子"。有一次搜查到陈光中的宿舍，大家还推举陈光中当代表去和国民党特务交涉。

在学习过程中，陈光中的思想越来越倾向于共产党。在阅读的书籍中，毛泽东的著作对他影响很大。不仅仅是思想观念，毛式文风对他也有很大的吸引力。毛泽东的文章，如《在延安文艺座谈会上的讲话》，不仅思想内容让他感到耳目一新，语言、表达技巧和驾驭文字的能力也都让他很受触动。毛泽东的讲话和文章，无论是思想还是文采，都令尚处在大学阶段的陈光中深深折服。

中山大学位于广州郊区，广州临近解放的时候，郊区的学生转移到城里设置的办事处，中共地下党开展护校活动，以迎接即将到来的胜利。陈光中等人作为进步学生参加了护校活动。就在这时，发生了海珠桥被炸的事。他和同学正好在城里，虽然爆炸点离他们尚远，但是爆炸声实在太大了，听起来惊心动魄。值得庆幸的是，广州之战并没有打起来，国民党军队不战而逃，广州直接解放了。

广州解放前，陈光中的叔父陈素农先到海南，后到香港。他当时曾问陈光中要不要到香港读书或者去台湾寄读，陈光中表示不去，就留在内地了。

留在内地，接受更多革命的思想，这让陈光中对新的政权充满期待。不久，学校解禁，教学活动回归正常。中山大学开始建立共青团组织，中共地下组织也浮出水面，公开活动了。地下党组织的人找陈光中谈话："解放前你的思想是要求进步的，个人也没有什么政治问题，你是否愿意参加团的组织？"党组织主动提出来让他参加共青团组织，陈光中很高兴，立即就填表申请入团。这是他生平第一次填写自己的简历。填简历的时候，他对自己的出生日期不太确定，只知道自己的生日是阴历三月二十三，却不知道阳历是哪一天。由于填表要填阳历，他推算阴历和阳历相差一个月，于是就写成 4 月 23 日。后来查万年历才知道，他的准确出生日期是 4 月 21 日。但是，要在履历上进行修改，未免显得不够慎重，他也就将错就错，从此他的出生日期都填成"4 月 23 日"。

不久，学校组建新民主主义青年团。1950 年 3 月，陈光中成为团组织第一批团员。入团以后，他马上担任团支部宣传委员；后来法学院设立团总支，他又担任法学院团总支宣传委员。

政权变了，许多事情都发生了变化。

广州解放以后，陈光中参加了中国共产党组织领导的对银圆（即"袁大头"）的收购、没收活动，即收银圆，用人民币来代替。类似的新鲜事，让他越来越感受到时代正在发生的变化。

转入北京大学

解放初期,《六法全书》成为一叠废纸,新的法律还没有制定出来,法律系一下子成了冷门专业,学习法律的人数明显减少。法律系有的学生觉得法律系没前途,想退学重新考大学,报考别的专业。但是,陈光中认为,国家现在没有法律,不等于永远没有法律,法律学科无论如何都会经世致用的,不如继续学业,以待时日。为应对国家"以俄为师"这一新的变化,他改学俄语,开始学习和了解苏联的法律制度。

1950年夏,陈光中结束寄读,要回中央大学继续求学。在广州时,他看到北京大学招录转学生的消息。原来,北京大学法律系一些学生离开了学校,有的转到别的专业,有的跟着南下大军去地方当了干部。法律系学生减少,北京大学就在报纸上发公告,招收转学的学生。陈光中并不知道北京大学一共招几个人,他抱着试试看的想法在广州报名参加了考试。考完之后,他回到温州,再出发去上海,打算去南京。在上海,他看到报纸上发榜,得知自己被北京大学录取,兴奋不已,就没有再回南京,而是从上海直接去北京大学报到了。到北京大学后他才知道,法律系三年级录取了一名,二年级录取了一名。他有幸得到宝贵的转学北京大学的机会,进入法律系读三年级。

在北京大学,他一共上了一年学。北大的学风是追求民主,提倡百家争鸣,五四运动倡导的民主与科学的思潮一直在北大涌动。陈光中身处其中,耳濡目染,民主与科学的种子逐渐在他心里生根。北大爱国主义的传统,也给他打下了深深的精神烙印,影响了他的一生。

在北大一年的时间里，陈光中至少有一半时间泡在图书馆学习俄语。那时候学校安排的法律课程不多，上课主要是学习党的政策。一年里听的课中，印象殊深的，有芮沐教授讲授的民法学。当时新中国尚未有民法，所以芮沐教授讲民法，主要讲授一些基本的民法原理。国际法由汪暄教授讲授，汪暄教授备课非常认真，还自己翻译苏联的国际法资料，现编材料给学生讲课，他讲授的课内容充实，条理清晰。讲刑法的有两位老师，一位是黄觉非，给学生讲课的时间比较多；另一位是蔡枢衡，讲课的时间比较短。还有别的课程，如张志让教授讲授的宪法，也让陈光中记忆深刻。张志让教授是北大的兼职教授，后来担任过最高人民法院副院长。

那一年，系统讲过课的，主要就是芮沐和汪暄两位教授，其他老师都是零星授课。

北大的学生比较用功，优秀的学生自己就能够做学问、写文章。他们常写文章向杂志投稿，有的还在《人民日报》上发表了文章。北大政治系有位同学叫薛谋洪，对朝鲜问题有所研究。朝鲜战争爆发时，大家对朝鲜问题都不了解，他就写了一篇文章发表在《人民日报》上。这件事给陈光中很大触动，他觉得一个大学生能够在《人民日报》上发表文章，是很了不起的事。还有一位同学编辑了婚姻法的资料，在《新建设》上发表，也让他很佩服。

由于担任过团总支宣传委员，转入北大之后，团组织看陈光中能写东西，又有团工作经历，就把他调到新民主主义青年团团委会宣传部做宣传干事，负责编辑出版团刊。有重要领导讲话时，学校领导还会让他帮忙写讲话稿。当时北大新民主主义青年团的团委书记是胡启立，多年后，胡启立做了中央书记处书记；宣传部部长是汤一介，后来成为有名的哲学家；宣传部副部长是乐黛云，直接领导团报、团刊的编辑工作，后来成为有名的现代文学评论家。

大学生活是浪漫的。每逢星期六晚上，学校都举行交际舞会。当时没有专用舞厅，就在餐厅将餐桌拉开，腾出跳舞场地。那时候也没有放音乐的设备，跳舞时都是自己配乐。两个乐队——西乐队和中乐队，轮流伴奏。陈光中因为擅长二胡，就加入中乐队，负责伴奏。

投身广西土改运动

在北大学习一年之后，1951年秋陈光中去广西柳城县参加土地改革运动。他积极投入，还担任一定职务，既开阔了眼界，又接受了教育，增长了不少才干。

1950年6月30日，中央人民政府颁布《中华人民共和国土地改革法》，决定在新解放区逐步开展土地改革运动。在土改运动中，政务院通过了《农民协会组织通则》《关于划分农村阶级成分的决定》等法令，使土改运动有领导、有计划、有秩序、有组织地分期分批进行。

当时土改运动需要干部，政府每年组织30万以上的土改工作团，深入农村发动群众。党组织也动员青年学生去锻炼，这样可以达到双重目的：一是弥补土改干部人数不足；二是培养青年学生成长进步。北大法律系二年级和三年级的学生全部参加土改运动，老教授、青年教师也都参加。不过，在土改运动中，老教授只是参观，不参加实际工作。

土改工作内容是：学生要"扎根串联"，所谓"扎根串联"，就是把农民作为根子，去发动他们，组织农会。之后，扎根农会，斗地主，打击地主的政治威风、经济实力。学生和贫困地区的人同吃同住同劳动，在一起交朋友。最后，就是分土地，怎么分，有政策可依。

土地是跑不掉的，但是地主可能会转移浮财。他们为了避免金银财宝被没收，就将这些分散出去，有的送给自己的亲戚。各地斗地主，要求他们把转移的浮财交出来，追回的浮财要交给农会，然后再分配给农民。

下乡学生、教师和农民同吃同住同劳动，依靠贫下中农。农民提供吃的，工作组向他们交伙食费。那时候，生活很艰苦，大家每天吃的就是稀饭，没有干饭，连咸菜都没有。学生们下乡以后，才知道农村的老百姓竟然这么穷。

当时的土改工作组主要由青年学生和当地干部混合编组形成。青年学生有来自北大的，也有燕京大学和辅仁大学的。青年学生到广西参加土改运动时，正值广西剿匪战役胜利不久，社会环境还是比较复杂、混乱的。土改工作第一期结束后，大家聚集到柳城县总结，不料此时发生了惨案。有破坏分子混进土改工作组里，晚上趁大家熟睡，开枪射向睡觉的人，有三名辅仁大学的同学不幸遇难。大家立即组织合围，将凶徒抓捕。抓住凶徒之后，工作组召开公审大会，公布罪状，宣判凶手死刑，当场枪决。不久，柳城县为牺牲的学生立了纪念碑。

土改的一个周期，从开始到结束是半年左右。陈光中去柳城县参加土改运动到过两个地方，一共参加了一年，等于两个周期。在广西参加土改的一年中，陈光中受到重用，当上土改工作组的小领导。他参加的土改，分为两个阶段。第一阶段是三四个人领导一个村，他是村小组长。第二阶段，他成为乡的中心组组长，副组长是当地一名干部。

让他担任中心组组长，显然领导对他是充分信任的。

那半年，陈光中所在乡的土改运动搞得轰轰烈烈，如火如荼。土改运动中怎么掌握政策，问题比较复杂，需要把握好分寸，既要斗地主、分浮财，又不能过火。在广西的土改工作结束以后，陈光中所在乡的土改工作得到较高评价，既没有发生什么政治上的问题和错误，也没有发生地主逃亡、死亡的情况，陈光中因此获得二等功奖励。

"坐下来，我跟你说几句话"

1952年6月，陈光中完成在广西的一年土改工作回到北京，紧接着就等着大学毕业分配工作了。

中华人民共和国成立后，高等院校从1951年开始实行毕业生统一分配制度，个人可以填报志愿，但是必须服从组织分配。陈光中无意从政，一心想在高校任教，继续深造的愿望非常强烈。当时只有中国人民大学聘请了苏联法学家培养研究生。于是，陈光中就申请到中国人民大学法律系读"国家和法的理论"研究生。

递交读研的申请书后没多久，北大法律系主任费青教授就叫他到办公室谈话。在这次谈话之前，陈光中从来没有见过费青主任。刚进办公室，陈光中就看到一个叼着烟斗、看起来微胖的中年人坐在那里，心想这应该就是系主任费青教授了。费青教授面带微笑地对他说："你叫陈光中吧？坐下来，我跟你说几句话。"费青教授是著名的国际私法教授，又是系主任，陈光中对这次谈话没有一点思想准备，感到有点意外和紧张，一时不知道说什么好。费青教授接着说："根据一些助教的推荐以及我们对你的了解，你思想进步，学习成绩优秀，目前系里缺少助教，打算让你留校担任助教。你看如何啊？"留校任教是十分荣耀的事，也符合他的志向，陈光中立即表示同意和感谢。

留校工作前夕，教育部抽调他参加起草北京大学毕业典礼上高层领导的讲话稿。这篇稿子后来经过多次修改，得到采用，这是陈光中大学毕业前一直感到兴奋和骄傲的一件事。

陈光中就读的北大法律系一个班十几个人，后来从事法律相关工作的没有几个人。同班同学相处只有一年，那时有一张合照，陈光中至今留存着。照片上只有部分同学，拍照地点是北大民主广场楼下。

叁

头角峥嵘
意气风发

> 1957年以前,我的人生顺风顺水。业务上进步也比较快,当时评职称做了讲师。工作上跟着苏联专家进步也比较快,发表文章,崭露头角。这是我学术人生里头的第一个春天,第一个黄金时期。
>
> ——陈光中

随院系调整，来到北京政法学院

1952年夏天，陈光中从北京大学法律系毕业，留校任法律系助教。那时，中央人民政府已经研究决定进行全面的院系调整。其实，中华人民共和国成立之初，高校院系调整已零星进行。1949年，民国时期著名私立法学院、位于海运仓的朝阳大学（国民政府教育部核定为"朝阳学院"）更名为"中国政法大学"，一年后与华北大学、华北人民革命大学合并成为中国人民大学。1949年底，北京大学和南开大学的教育系并入北京师范大学教育系；北京大学、清华大学、华北大学三校的农学院合并成立北京农学院。

1952年进行的高等院校院系调整，是中华人民共和国高等教育史上的重大事件之一，对于我国高等教育的影响甚为深远。

1952年高校院系调整规模很大，在调整过程中，所有私立大学全部并入或者改为公立大学，教会学校被全部撤销，得以保留的综合性大学被重新拆分重组。

原高等院校一些学科分离出来成立专门学院，北京海淀区"八大学院"之名就源自首批兴建的八所专门性学院，即北京航空学院（今北京航空航天大学）、北京地质学院［今中国地质大学（北京）］、北京矿业学院［今中国矿业大学（北京）］、北京林学院（今北京林业大学）、北京医学院（今北京大学医学部）、北京钢铁学院（今北京科技大学）、北京石油学院、北京农业机械化学院（今中国农业大学）。这些学院有如珍珠项链由无形的线贯穿，挂在北京西郊，"学院路"亦因此得名。由北京大学法律系、清华大学政治系、燕京大学政治系与辅仁大学社会学系合并成立的北京政法学院，坐落在学院路靠近蓟门桥的一侧。

北京政法学院组建的背景是，教育部贯彻中央指示精神，按照"每大区如有条件具备时，得单独设立政法院校"的原则，合并大区范围内综合性大学的法律院系，成立独立的政法学院。很快，在北京、重庆、上海、武汉和西安分别设立了北京政法学院、西南政法学院、华东政法学院、中南政法学院和西北政法学院等5所政法学院。那时对院校名称取"法政学院"还是"政法学院"，曾有不同意见，终因法律与政治密不可分且政治挂帅而定名为"政法学院"。

北京大学法律系并入新组建的北京政法学院后，陈光中作为年轻助教跟着一起转过来，成为北京政法学院最早一批教师之一。

1952年8月23日，"北京政法学院筹备委员会"宣告成立，委员会由钱端升、韩幽桐、陈传纲、朱晏、戴铮、刘昂、费青、严景耀、于振鹏、程筱鹤、夏吉生11名委员组成，钱端升任主任委员，韩幽桐任副主任委员。钱端升教授是享誉中外的政治学、宪法学专家，时任北京大学法学院院长。

在北京政法学院筹备过程中，陈光中只是入职不久的年轻教师，参与的是比较具体的工作。他先是去上海集合新生,将他们引领到北京政法学院报到。当年录取的新生,本来报考的是北京大学、清华大学的法律、政治专业,如今看到录取通知书,即将入读的学校却是北京政法学院,部分学生表示很震惊、不理解,有的学生甚至萌生退意,不愿意入学报到。这就需要向这些青年学子做解释、说服工作,并在他们同意后,带领他们一起到北京政法学院报到。

集合新生的工作结束后,陈光中回到学校,又负责去购买图书。筹建中的北京政法学院图书馆没有自己的藏书,虽然从北京大学图书馆分到一些旧书,但数量有限,远不能满足教学需求。因此,筹备委员会办公室让陈光中到新华书店购买尽可能有用的图书。他在书店认真挑选了法律、经济、哲学、文学等领域的书籍,只要用得上的书籍都尽可能购买,希望能早一点把图书馆的书架一一填满。

经过一系列筹备工作,1952年11月24日,北京政法学院在北京东城区沙滩北京大学原礼堂隆重举行成立典礼。中央人民政府内务部部长谢觉哉,中央人民政府教育部部长马叙伦,最高人民法院副院长张志让,中央政法委副主任张奚若、彭泽民,秘书长陶希晋,法制委员会副主任许德珩,华北行政委员会副主任刘秀峰,最高人民法院华北分院副院长韩幽桐等亲临典礼现场,谢觉哉、马叙伦、张奚若、彭泽民、刘秀峰等分别讲话和致辞。钱端升教授在讲话中回顾了北京政法学院的成立过程,诚恳表示希望师生团结一致、克服困难,摸索出一套比较好的政法教学方法,共同完成党和国家赋予的任务。

北京政法学院第一任院长是钱端升。在北京政法学院举行成立典礼时,他的身份是北京政法学院筹备委员会主任,因为北京政法学院院长要由中央人民政府主席毛泽东亲自任命。1953年1月14日,这一任命才正式下达。

北京政法学院第一副院长是武振声,教务长是刘昂。从事教学工作的有高潮、卢一鹏、凌力学等人。建校之初的教师来源于"四校"(指北京大学、清华大学、燕京大学、辅仁大学)和华北人民革命大学5所高校的部分教师60余人。四校中,从北京大学调入的有32人(3人未到职),从清华大学调入的有8人(3人未到职),从燕京大学分配过来的有10人(3人未到职),从辅仁大学分配过来的有3人。从北京大学调入的教师中,有钱端升、张奚若、费青、芮沐、楼邦彦、龚祥瑞、吴恩裕、吴之椿、黄觉非、张志让等10位教授,汪暄、阴法鲁、王利器等3位副教授,潘汉典、朱奇武、程筱鹤、杨翼骧等4位讲师,李由义、罗典荣、周仁、宁汉林、张国华、余叔通、张鑫、欧阳本先、陈光中、潘华仿、张文镇、林道濂等12名助教。从清华大学调入的有于振鹏、曾炳钧、赵德洁、邵循恪等4位教授和讲师杜汝楫。从燕京大学分来的教师中,有严景耀、雷洁琼、张锡彤、徐敦璋、张雁深等5位教授,以及夏吉生、赵宗乾2名助教。从辅仁大学分来的是李景汉、戴克光、洪鼎钟等3位教授。这些人中不少都是学术翘楚,形成的阵容相当可观。

当时,北京政法学院不按学科分系,全部学员或学生统一分为6个班级进行编排管理。当时分班有两类,即干部培训班和青年学生班。其中第一班、第二班、第三班是干部培训班,学员都有过中华人民共和国成立前的革命工作经历,属于地方干部,他们转到政法战线后需要进修学习。第四班、第五班和第六班是高校院系调整前原四校的青年学生组成的青年学生班,原大学二年级、一年级的学生都编入第四班、第五班,刚被录取的新生则编入第六班。为适应司法改革之后对新政法干部的迫切需求,北京政法学院将干部培训班和青年学生班的学制分别定为一年制和两年制,每个学期开几门课。

为了便于管理，学校给每个班级配备了一名班主任、一名副班主任和一名班干事（秘书）。青年学生班三个班的班主任都是有革命经历的干部，级别大体相当于副处级，副班主任由助教担任，主要分管学生的学习。宁汉林、潘华仿、陈光中分别担任第四班、第五班、第六班的副班主任。

第六班的学生都是原来报考北大、清华几所学校政治系、法律系的年轻人，共有150人左右，该班的学生中毕业后从事法学教学研究工作的有储槐植、徐杰和严端等知名法学家。当时，严端称陈光中为"小陈老师"。经过许多年，陈光中始终是她内心特别尊敬的"小陈老师"。

青年学生班的学生毕业时，颁发的是大专文凭。原四校学生和新入学的学生本来报考的是本科，毕业时拿到的却是大专文凭，学生当然意见很大。考虑到学生的强烈诉求，学校颁发的毕业证书只写"北京政法学院毕业"，不显示是大专还是本科。1954年以后，北京政法学院招生就正式改为4年制本科了。

1952年，在学校的课程设置中，政治课程占大部分。学校开设哲学（辩证唯物主义与历史唯物主义）、政治经济学、中共党史等课程，其中哲学课主讲《实践论》《矛盾论》。涉及法律业务的课程，仅有《中国人民政治协商会议共同纲领》《中华人民共和国婚姻法》《中华人民共和国惩治反革命条例》等很少的内容，重点讲当时正在进行的司法改革运动。课程采取单元制教学模式，每学期划分为若干不同学习课程的单元，每单元集中学习两三个月。具体上课时，请校外的领导或者知名专家在礼堂上大课，如请艾思奇、孙定国讲哲学，请谢觉哉讲政法政策等，年轻教师给学生上的是辅导课。

在学习方法上，学校强调理论联系实践。学生在每单元结束时要写学习总结，不仅要结合所学理论批判旧法，而且要联系个人的思想实际，写自己思想认识的提高和世界观的改造。青年学生感到学到的知识太少，对于这样的课程设置和学习方法有一定的抵触情绪。好在单元制课程的存在时间不长，到了1954年，学制改为4年制本科，课程设置也就正规化了。

北京政法学院起步时，办学条件非常简陋。学校没有一个完整的校舍，使用的是北京大学旧址——沙滩校区的一部分，而且是与北京大学、中央财经学院（今中央财经大学）共用沙滩校区，相当拥挤。根据三方协商，归属北京政法学院专用的，只有沙滩校区自西校门起往东到东墙，广场内电钟以北的狭小区域，以及灰楼、活动楼、新灰楼、北楼。其他设施，如广场、浴室等均为三校合用。

这种情况是不得已的权宜之计。对于北京政法学院来说，选择合适的新校址迫在眉睫。按照中央安排，北京政法学院新校址选在北京市西北郊土城，即后来的海淀区学院路41号（今海淀区西土城路25号）。

1954年2月12日，北京政法学院在建成以后，全部搬迁完成，开始了法学教育和研究新征程。

与刑事诉讼法结缘

1953年上半年，陈光中转到教学辅导组任教职。那时还没有"教研室"的称谓，都称"教学辅导组"。

刚进教学辅导组，学校便送他到中央政法干校参加培训，与来自全国各地的教师一起学习司法改革。这次学习的要求，是了解和贯彻司法改革的精神和内容。对于陈光中来说，此番学习宛如一场洗礼，培训归来之后，他受邀在全校做司法改革的辅导报告。这是他大学毕业后第一次正式登台讲课，他既兴奋又忐忑。为了做好这次报告，他准备得非常充分，讲课时声音洪亮，表达清晰，节奏平稳，态度从容，反响很好。第一次讲课，就面对这么多人，还都以教师为主，讲课的感受自然非同一般。有这样的机会一试身手，让他对教学有了更多自信，那时的情景，他终生难忘。

到了1953年底，学校正式确定由他承担刑事诉讼法课程的教学工作，从此以后，他与刑事诉讼法结下了一生解不开的情缘。

北京政法学院成立之初，学科还没有分那么细，教学活动没有刑法、刑事诉讼法之分。到了1954年，《中华人民共和国宪法》公布，学校的法学教育正规化，学制由2年制改成4年制。北京政法学院参考苏联课程设计了新的课程体系，刑法、刑事诉讼法、民法、民事诉讼法诸学科才齐备。起初，刑法、刑事诉讼法课程属于刑事小组，后来刑法、刑事诉讼法分开。刑法专业的课程由中国人民大学分配来的研究生讲授，刑事诉讼法专业没有分配来研究生，学校就安排陈光中来讲授。从那时起，陈光中就开始了他的刑事诉讼教学与科研生涯，但这一过程并没有一以贯之，曾有过中断——反右派斗争以后，他转而研究法制史，随后北京政法学院被撤销，他在随后的几年里没有教刑事诉讼法课程。北京政法学院复办后，他才有机会重新从事刑事诉讼法专业的教学与科研工作。他在这一领域起步较早，又在刑事诉讼法学研究中成就斐然，无可争议地成为新中国刑事诉讼法学的元老级人物。

新中国的法学一切向苏联学习，诉讼法学也不例外。那时我国法律体系很不健全，尚未制定刑事诉讼法，上课只能讲苏维埃刑事诉讼法。

1950年6月到1952年6月，苏联专家K.贝斯特洛娃受邀担任中国人民大学刑法教研室的第一位科学指导员，该教研室于1950年3月成立，专门负责苏维埃刑法、中国刑法、刑事诉讼法、法院组织、犯罪对策、法医学及司法精神病学的教学。①

在中国人民大学，苏联专家最初只给教师和研究生上课，很多年轻教师听完课，经过一番准备之后，再给本科和法律专修课学生上课。为了让更多的中国教师受益，一些外校教师也得到允许，可以到中国人民大学听苏联专家讲课。陈光中就获得了这样的机会，他同教学辅导组组长张子培一起到中国人民大学听课，一连旁听了几个月，再配以苏联教科书学习，很快掌握了苏联刑事诉讼法学知识。"要做先生，先做学生"，对此陈光中深有体会。

那时学刑事诉讼法用的都是苏联教材。贝斯特洛娃在中国人民大学讲授刑事诉讼课程，她的讲稿的中译本在1952年出版。这部讲稿是中国人民大学刑法教研室翻译的，该教研室还翻译了《苏维埃刑事诉讼》等苏联法学教材与著作。这些教材、著作滋养着当时求知若渴的中国刑事诉讼法学者和法律学系。

对我国刑事诉讼法教学来说，不能一直没有自己的教材。当时的法学统编教材由司法部分管。在统编教材计划中，刑事诉讼法专业教材被列入。要编教材，就要先搞教学大纲。那时教学大纲是正式出版的，出版后内部发行。

最初的刑事诉讼法教学，以介绍苏维埃刑事诉讼起步。编写刑事诉讼教材，也是参考苏联教材，结合中国的司法实际，加以融合。当时我国还没有刑事诉讼法，只有一些司法实践的材料和一些内部的程序规定，

---

① 中国人民大学法学院院史编写组编：《中国人民大学法学院院史（1950—2020）》，中国人民大学出版社2020年版，第24页。

编写刑事诉讼教材，只有这些材料可供参考。①

当时参加司法部统编法学教材编写的，主要是全国的一些教学骨干。陈光中参加了教学大纲的编写。正式分工编写教材时，他负责编写刑事诉讼证据学一编。教材正在编写时，反右派斗争开始，编写工作不得不搁浅，教材最终未能编写完成。那时，陈光中负责编写的部分差不多可以交稿了，北京政法学院内部发行的教学简报上发表了他编写的部分章节。

跟随苏联专家攻读副博士学位

1955 年，北京政法学院迎来了两位苏联专家，一男一女，都来自苏联罗斯托夫大学。男的叫 B.E. 楚贡诺夫，女的叫 M.R. 克依里洛娃。

楚贡诺夫是刑事法学专家，拥有法学副博士学位，专业主要是刑事诉讼和刑事侦查；克依里洛娃是民事法学副教授，主要讲授民法和民事诉讼法。他们是经北京政法学院申请，由中央统一向苏联政府邀请后，由苏联政府派来的。

为保障两位苏联专家的工作和生活，北京政法学院专门成立苏联专家工作组，组长是院长办公室主任卢一鹏。专家工作组有几名翻译，此外还配备一名秘书。秘书是吴昭明，负责日常行政和接待任务。苏联专家工作组的工作以翻译为主。

---

① 笔者曾见一本 1957 年 3 月由中央政法干部学校刑法教研室出版的《中华人民共和国刑事诉讼基本问题讲稿》。该书在说明中指出："由于我国刑事诉讼程序法规尚未颁布，本书内容除依据宪法和人民法院组织法、人民检察院组织法有关的规定，及最高人民法院 1956 年印发的各级人民法院民、刑事审判程序总结，最高人民检察院的侦查总结编外，并参照苏联的先进法律科学理论，结合我国目前实际情况，加以阐述。"这本教材分为 14 章，与同期的苏联教材体例相似。由此可以一窥当时法学教材受苏联同类教材影响之大，以及教材编写的大体情况。

两位苏联专家授课的对象，是北京政法学院招收的第一批研究生。

1955年，北京政法学院为培养师资、解决国家法学教师紧缺问题而招收了75名研究生，学制为两年，分为刑事班和民事班两个班，主要由苏联专家讲授苏维埃相关法律制度。刑事班学习内容为刑法、刑事诉讼法、犯罪对策等，民事班学习民法、民事诉讼法。陈光中担任楚贡诺夫的助手，同时担任刑事班的辅导员。

楚贡诺夫用俄语讲授的课程有刑法、刑事诉讼法、犯罪对策（包含刑事侦查、司法鉴定、法医学等内容）。担任课堂翻译的，是余叔通等老师。除了授课，楚贡诺夫有时还亲自主持课堂讨论，鼓励学生对授课内容提出自己的观点。他还带领学生在实验室进行试验，教他们掌握一些刑事物证技术。

楚贡诺夫用的教材都是手写的[1]，中方为他翻译成中文。翻译后的校对工作，由陈光中来做。陈光中本来学的是英语，中华人民共和国成立以后，他与时俱进，放下英语改学俄语，因此有一定的俄语基础。教材译文中专业词汇翻译得不太准确的地方，陈光中会从专业角度，借助自己一些俄语基本功进行调整。对于俄语著作，特别是业务专著，陈光中不需要查字典就可以看下来，因为业务上的专有名词，对刑事诉讼法教师来说，一看就知道。他的俄语水平，在阅读方面没有障碍，只是口语能力有所不足。私下里，他与楚贡诺夫的交流并不多。

楚贡诺夫除了讲课、参与培训之外，还担任北京政法学院的顾问，经常参加校内一些行政会议，提出一些行政方面的建议。当时，雷洁琼副教务长负责领导苏联专家的工作。楚贡诺夫直接向雷洁琼提出想在北京政法

---

[1] 1957年5月，楚贡诺夫的《苏维埃刑事诉讼讲稿》由北京政法学院出版。讲稿分为23个专题，系统、全面地介绍了苏维埃刑事诉讼制度和法学观点。

学院试行副博士培养制度。副博士制度是苏联的一种研究生制度，苏联的副博士学位是硕士以上、博士以下的一种学位。我国从苏联学成归来取得副博士学位的研究生，统一按博士学位来认定。中国教育体系中没有这个副博士制度。

楚贡诺夫觉得给他担任助手的陈光中业务能力比较强，就想到带他攻读副博士学位，做个榜样。他说："我亲自带陈光中读副博士。"

楚贡诺夫提出这个计划后，学校很快就通过了。对于陈光中来说，这是难得的机遇。在20世纪50年代，中国派往苏联的留学生和进修教师多达9106人。北京政法学院的江平教授、曹子丹教授和中国社会科学院法学研究所的王家福研究员，以及西南政法学院的常怡教授等，都是在这个时期留学苏联并取得副博士学位的。陈光中没有机会去苏联留学，一直觉得很遗憾。现在有苏联专家主动提供副博士培养机会，而且他又是全校唯一有这样机会的人，他非常高兴。北京政法学院很支持这一计划，副博士培养计划马上就付诸实施了。

培养副博士，大约需要好几年时间，楚贡诺夫计划用两年时间完成副博士培养工作。按照苏联的副博士培养制度，副博士要通过三门课程考试，一门是法理，一门是刑事诉讼，一门是外语（俄语）。副博士培养计划开始以后，陈光中通过了法理考试，当时法理考试的考试小组由雷洁琼副教务长亲自主持，称得上郑重其事。通过法理考试后，陈光中开始准备刑事诉讼专业课考试，刑事诉讼专业课考试的方式是写论文。通过法理、刑事诉讼专业课考试之后，第二年就要写学位论文了。遗憾的是，1957年整风运动和反右派斗争不期而至，楚贡诺夫的副博士培养计划也就化为泡影，无疾而终了。

在刑诉界崭露头角

陈光中所在的教学辅导组负责刑事法律教学,包括刑法、刑事诉讼法和法院组织法这三门课程。

在北京政法学院的苏联专家专门讲苏维埃刑事诉讼法,不讲英美法,陈光中就以"资产阶级国家的刑事诉讼"为题目给学生们补讲这部分内容。那个时代教科书里介绍英美法律制度,在知识性内容之外,免不了加上阶级性分析与批判,内容掺杂不少贬低性阐述,这是时势使然。

这段时间,陈光中的教学能力受到好评。作为助教,他没有硕士学位,遑论博士学位,但他的教学效果赢得了大家对他的认同。1956年北京政法学院进行职称评定,评了一批讲师,陈光中名列其中,是讲师中比较年轻的。

1955年,25岁的陈光中在《政法研究》第2期上发表了他平生第一篇学术论文《苏联的辩护制度》,他在文中指出:"保障被告人有辩护权,这是指导苏联司法活动的重要民主原则之一。"这篇论文第一部分介绍了苏联辩护制度的基本内容,强调作为该制度基础理论的无罪推定原则;第二部分论述中国的律师制度,澄清一些模糊的、有待纠正的认识。论文指出:"我国是属于社会主义类型的人民民主国家,在我国司法工作中,被告人历来就享有辩护权。但在过去,由于若干干部民主思想不够,因而有些被告人的辩护权还未能得到充分的行使。《中华人民共和国宪法》的颁布,标志着人民民主制度和人民民主法制发展到了新的更高的阶段。宪法庄严地宣布:被告人有权获得辩护(第76条)。《中华人民共和国人民法院组织法》根据宪法的精神,规定了'被告人除自己行使辩护权外,可以委托律师为他辩护,可以由人民团体介绍的或者经人民法院许可的公民为他辩护,可以由被告人的近亲属、监护人为他辩护,人民法院认为必要的时候,也可以指定辩护人为他辩护(第7条)。'"尽管如此,当时有一些人对律师辩护制度的认识比较模糊甚至不认同。针对有人提出的"被告人既然是犯罪者,甚至于是反革命分子,给他们以辩护权,岂非有失革命立场"的观点,陈光中指出:

> 很显然,这种认识是不正确的,因为被告人虽然被控诉犯罪,但法院审理结果,可能判有罪也可能判无罪;因此,在法院判决有罪之前,还不能认为被告人已经是真正的犯罪者,而应该假定他为无罪的公民(这是刑事诉讼中无罪假定原则的要求)。既然被告人还不能视为真正的犯罪,则侦查、审理案件,就必须冷静、客观,同时也就应该给被告人以辩护权。相反地,如果从有罪假定的观点出发,先认定被告人就是真正的犯罪,则侦查、审理案件不是为了判明情况、分清黑白,而只是为了搜集判罪的证据和理由。这样,被告人的辩护权当然就失去任何的意义了。应该指出:在目前司法工作中,也还有少数人在办案时,先入为主,偏听偏信,不让被告人充分行使辩护权或形式主义地对待辩护,这种现象,与我国宪法所规定的被告人有辩护权原则及刑事诉讼中无罪假定原则的民主精神,是相违背的。

这篇论文适应时代需要,针对当时法律界存在的认识问题表达了自己的看法。论文提到,没有认定为有罪以前应当视为无罪推定(假定)原则。这在当时还属于超前的观念,体现了陈光中一以贯之维护司法人权的核心思想。

1956年,陈光中与青年教师时伟超合作,在《政法研究》第2期上发表《关于刑事诉讼中证据分类与间接证据的几个问题》。这篇论文就郝双禄1955年发表的《关于刑事证据的几个问题》以及《政法研究》1955年第4期刊登的胡复申、戈风的两篇短文提出不同意见，进行商榷。

《政法研究》是政法学会唯一的刊物，也是当时全国正式出版的唯一法学刊物。1956年，上海创办《法学》，法学期刊才有了第二家。法学期刊如此之少，能够在权威期刊《政法研究》上发表两篇论文实属不易。在当时的高校教师和研究刑诉的青年学者中，陈光中脱颖而出。

1958年底，中苏由交恶到决裂，苏联专家提前离华。到1960年，苏联专家全部撤离中国，苏联派专家援建新中国的这段历史，就此落下帷幕。

到了1958年，我国教育界意识到，虽然全面引入苏联课程可以为新中国的教育打下基础，但是也不能亦步亦趋，还是要注重本土教学。因此，学校开始进行教学内容的调整，在教学中注重增加中国本土制度的内容。

在多年的教学生涯中，陈光中也时常思考刑事诉讼法学及其教学内容的本土化问题。

肆

尘世多违
栉风沐雨

当时我们都感觉很震撼,搞不清楚是怎么回事。

——陈光中

被"启发"出来的"犯严重右倾错误"言论

1956年，N.S.赫鲁晓夫在苏共二十大上做了秘密报告，全盘否定斯大林。这一报告石破天惊，在社会主义国家阵营投下震撼弹。东欧社会主义国家中的波兰、匈牙利等国发生了政治动荡，"这些情况促使中国共产党人重新审视苏联社会主义建设的经验。由此，毛泽东'以苏联为鉴戒'，总结我们自己的经验，探索适合中国国情的社会主义建设道路的思想也就更加明确了"。①

1957年4月27日，中共中央发出《关于整风运动的指示》，提出：党在全国范围内处在执政地位，得到广大群众的拥护。但几年来，党内"脱离群众和脱离实际的官僚主义、宗派主义和主观主义有了新的滋长。因此，有必要在全党重新进行一次普遍的、深入的反官僚主义、反宗派主义、反主观主义的整风运动，提高全党的马克思主义的思想水平，改进作

---

① 何沁主编：《中华人民共和国史》（第三版），高等教育出版社2009年版，第103页。

风，以适应社会主义改造和社会主义建设的需要"。① 还提出："这次整风运动，应该是一次既严肃认真又和风细雨的思想教育运动，应该是一个恰如其分的批评和自我批评的运动。"②

整风运动随后在全国范围内展开，共产党开门纳谏的诚恳态度感染了许多知识分子，他们踊跃提出意见。在这些意见中，有不少是响应党的号召，基于帮党整风的善意。有一些意见切中肯綮，点明时弊，也有一些言论过于尖锐，存在不当或者错误的问题。

一些言论引起中央领导人的警觉。5月15日，中共中央根据毛泽东的信《事情正在起变化》下达指示，以内部通报形式一层一层通报下来。这标志着中共中央的指导思想开始由整风运动转向反击右派。6月8日，中共中央发布毛泽东亲自起草的《组织力量反击右派分子的猖狂进攻》，《人民日报》发表社论《这是为什么？》，正式发起了对右派的反击批判。7月1日，《人民日报》发表《文汇报的资产阶级方向应当批判》，评价整风中出现的情况："整个春季，中国天空上突然黑云乱翻。"7月17日，中共中央召开省市委书记会议进行全面部署。为开展反右派斗争，中共中央还制定了一系列具体政策，包括划分右派分子的标准、对右派分子不宜过早作组织处理、在工人农民中不划右派分子等。

整风运动中，北京政法学院积极响应整风指示。从整风运动开始，很快就有人慷慨激昂进行演说，校园贴满了大字报。起初，陈光中没有参与整风运动。他心无旁骛，埋头准备副博士考试，连校园中的大字报也无暇去看一眼。

1957年5月的一天，党支部书记找他谈话，谈话的大概意思是：党

---

① 何沁主编：《中华人民共和国史》（第三版），高等教育出版社2009年版，第119—120页。
② 同上，第120页。

领导的整风运动正在热烈进行之中，大家对党整风提了很多意见，你怎么没有任何表示。你是年轻教师里的业务骨干，是有影响力的人物，你应该发言，对党的整风做出贡献。陈光中是团支部宣传委员，如今党支部书记专门找他，动员他"鸣放"，让他觉得事态不容他置身事外，他应当积极响应党的号召，投身到整风运动中。在这种情况下，陈光中把学校里的大字报都看了一遍，为在小组会上发言做准备。

陈光中对学校的现状，确实有自己的看法。他是从老北大过来的，经历了北京政法学院筚路蓝缕的创业过程，学校起初搞两年制，搞阶段性学习，老知识分子没有发挥应有的作用，对于这些，他多少还是有一些想法的。他准备了一个发言提纲，酝酿了一番发言内容，准备就绪之后，出现在小组会上，他按照提纲做了一个系统的发言，分几个方面讲了几大点问题，一共讲了半个多小时。

随后学校出了油印整风简讯，把他发言的要点刊登出来。简讯的主要内容，一是他认为学校在过去教学改革中存在不正规办学的问题，教学方针不适应时代的要求。这个问题虽然已经基本上得到解决，但还需要进一步总结教训。二是他认为老知识分子没有发挥应有作用，基本上靠边站；同时，学校对青年知识分子重视不够，主要是老干部在掌权。三是肃反是否存在扩大化的问题，他认为值得深思。

这次发言以后，他没有再参加"鸣放"。

6月8日《人民日报》社论出来以后，陈光中预感到大事不妙，知道自己的发言可能惹来祸端。他反复掂量，自知发言虽然涉及好几方面的问题，但还是把握了一定的分寸的，算不上太激进。不过，反右派斗争风暴一来，谁能说得清呢？

果然，过了一段时间，组织对他进行隔离审查，不让他回家。他感到精神压力很大,担心被划为右派。要知道,在反右派斗争中,是否被划为右派,干系重大,非同小可。一旦被划为右派,就成了阶级敌人,这对像他一样追求进步的人来说,如何承受沉重的打击?如果没有被划为右派,还属于人民内部矛盾,眼前的路,就不会在暗夜中延伸,还能轻松走下去。划定右派与否,性质上迥然不同。

人在历史的大潮中,就像一叶扁舟,一不小心就可能遭遇灭顶之灾。

有一段时间,陈光中觉得自己站在悬崖边上,他被安排在北京郊区清河营劳动,一起劳动的大部分人都已被划为右派,他是属于等待处理的人中没有被划为右派的。命运会不会一下子把他推进深渊?对此,他惊疑不定。

经过一段紧张不安的等待,处理结果让陈光中松了一口气,他被定性为"犯严重右倾错误",需要下去劳动锻炼。这一决定,让他如蒙大赦,顿感轻松了许多。

随后,团支部给他组织了一场团内批判会。批判会上,陈光中先检讨自己的"错误",然后大家轮流发言对他进行批判。一阵煎熬之后,团支部当场宣布开除他的团籍。除此之外,没有给他行政上的处分。被开除团籍,对他来说,仍感委屈,但是毕竟没有被划成右派,这让他暗自庆幸不已。

正好月到中秋,党组织审查完让他回家同爱人团聚。他回到家与爱人谈这些情况,低声说:"这就算是不幸中的大幸了。"有了这个结果,全家人专门出去找了一家谭家菜馆吃饭庆贺。

这是他一生中遭遇的最让他惊心动魄的事,总算化险为夷。没有被划成右派,是多么幸运。如果被划成右派,成了"敌我矛盾",不但冤枉,而且后果不堪设想。如今想起来,这件事仍令他心有余悸。

没有经历过这段历史的人，一如夏虫不可语冰，大概很难做到感同身受。他从年少时就想当学者，有志成为知名法学教授，20世纪50年代初期有过一段事业上的小辉煌，随后就临渊跌落了，进入长达20年的曲折时期。

在反右派斗争中，法律界一些学术观点也被定为右派言论。具有代表性的是"司法独立""无罪推定""有利被告""自由心证"四大右派观点。

对陈光中的批判，并未涉及上述右派观点，但他经历过一件险事。在反右派斗争中，上海法学界对华东政法学院黄道的《略论刑事诉讼中的无罪推定原则》一文进行批判。陈光中在反右派斗争开始以前，也曾写过一篇关于无罪推定的文章，投稿给《法学》杂志。《法学》编辑部已经决定采用并把清样发给陈光中审读。他在审读清样时，反右派斗争开始了，他立即停止了审读，告知《法学》编辑部撤回此稿。如果此稿提前发表，势必会成为他的一个重要把柄，他可能就没那么走运了。

另外，还有一个变故与他做兼职律师有关，也是当时的形势决定的。新中国律师制度在1954年建立，不到三年，便在反右派斗争中夭折了。不过，辩护制度没有马上被取消，个别需要辩护的案件，还允许律师出现在法庭上。20世纪50年代，因为律师人数太少，所以允许从事法律教育的教师做兼职律师。陈光中在北京政法学院执教时拿到了律师证，也办理过几件案件。有一起案件在北京市西城区人民法院开庭，他出庭辩护，运用自己所学，将无罪推定、疑罪从无等理念融入辩护意见，赢得了旁听人员的赞同。许多年过去了，他已经不记得案件最后的结果，但是通过庭上辩护，他深刻体会到刑事辩护制度的重要性。他办理的案件不多。同不少法学界的知识分子一样，他的一些言论在反右派斗争中受到批判，因为这个缘故，他的兼职律师生涯也就自此中断了。

"我们北大一块过来的，不能没有态度"

1957年5月29日，北京政法学院举行教授座谈会，会上院长钱端升做了一番发言，认为"我校肯定有三个主义"，他说的"三个主义"包括严重的宗派主义、教条主义、主观主义，学校存在的问题有"大学毕业生得不到应有的重视，高级知识分子更受歧视"，他建议"发挥教授的作用，变离心力为向心力……要尽快地取消等级，行政上减少一些层次更好"，并要求"领导应该接近下层，接近同学，现在这方面问题严重，下去也不要形式主义的下去"。[1] 这些言论，不久就被认定为"右派"言论，对钱端升的揭发、批判随之展开。

那时对钱端升的批判，是时势使然，是有组织进行的。这种火力全开的大批判，没有什么人能招架得了，钱端升自然也就百口莫辩。

在钱端升被批判的时候，有一天，一位同事找陈光中谈话，这位同事也是随北京政法学院成立从北京大学转过来的。简单寒暄之后，他说明来意："现在社会上正对钱端升进行揭发批判，我们北大一块过来的，不能没有态度，你是否做个批判发言？"陈光中当时觉得很突然，为难地说："我对钱院长的情况都不了解。"这位同事为他解除顾虑，告诉他："批判的材料，组织上自然会提供给你。"

对于这位同事的到来，陈光中感到意外和惊讶。这是因为：一是他已经沾了右派言论的边儿，不被别人批判已经算不错了，哪里还有主动批判人的份儿？二是对钱端升的情况，他几乎一无所知。他跟钱端升这些领导，平常没有接触和联系，对钱端升的情况可以说完全不了解。现在有人

---

[1] 中国政治法律协会资料室编：《政法界右派分子谬论汇集》，法律出版社1957年版，第39—44页。

出面找他，要他出来批判钱端升，陈光中对此没有任何思想准备，感到进退维谷。来客看出他的心思，对他说："这个意见，是经过领导考虑的。"陈光中得知是上边领导的意见，也不好细问，虽然心存疑虑，但也只好答应下来。

不久，果然有人给他提供一些材料。材料明显是有人整理过的，要不是看材料，有很多情况，他无从知晓；但光凭材料，也难辨真伪，更没有条件核实。出于对组织的信任，他只能按照组织提供的材料准备发言。

在批判钱端升的大会上，陈光中按照揭发材料提供的情况，登台发言。他提到一个学生给钱端升写信、钱端升次日就回信的事。那个给钱端升写信的学生也在场，还当场宣读了那封回信，显然是事先安排好的，批判会如同事先排演过的戏剧一般。

这件事虽然是完成领导交代的任务，却让陈光中落下心病——他在当时的条件下，违心批判、伤害了老院长钱端升先生，这让他多年都感到十分惭愧。

度尽劫波，到了北京政法学院复办，钱端升再也没有回到北京政法学院。

钱端升的家在教育部后面一个胡同里。曾经登门约陈光中一起批判钱端升的那位同事已经做了教授，逢年过节，特别是春节，他都会约陈光中到钱端升家看望，每次都是两人一起去。

有一次在钱端升家客厅，二人向钱端升郑重道歉。钱端升很大度，他摇摇头说："别说了，这些都是当时的形势使然，不是一个人的问题，不必再讲了。"尽管如此，陈光中仍然难以释怀，往事并不如烟，而是像铅块一样压在人的心里。

钱端升家有些破损，陈光中当校领导后，尽管钱端升的人事关系已经不在政法大学，陈光中还是让政法大学后勤部门前去嘘寒问暖，专门给钱端升买了过冬用的烟筒，为他修补破损的窗户。陈光中对后勤部门的人说："这是我们的老院长，不管他的关系是不是在政法大学，你们去修缮修缮，这是应该的。"

后来，钱端升的二儿子以他父亲的一些日记作为基础材料，加上他们的回忆，整理了一本资料，打算出版，要陈光中写篇序言。陈光中感到很高兴。尽管他公开批判过钱端升，但钱端升先生本人及其子女没有不谅解他，还与他保持着良好的关系，这令他感到欣慰。他叮嘱钱先生的儿子把已经写出来、还没定稿的材料全部发给他。陈光中花了相当长时间，仔细阅读20多万字的材料，读完以后，经过反复斟酌，写了四五千字的序言。

"组织上调整你去教历史"

从整风运动和反右派斗争开始，直到"文化大革命"结束，很长一段时间，陈光中处于人生的低谷。那些日子，他的内心百味杂陈，一言难尽。他的人生增加了许多曲折的情节，打破了他内心眷恋的宁静。尽管他侥幸逃过一场劫难，但是他心情压抑，郁郁不得志。

1957年，在反右派斗争中受到处分的陈光中被下放到北京郊区清河营劳动。1958年被开除团籍后不久，他被调整了工作岗位。那次政治审查后，他被认定为"犯严重右倾错误"，自此成为政治上有问题的人，这一标签伴随他许多年。

当时刑事司法机关的定位是"刀把子"，刑法与刑事诉讼法都是政治性很强的专业，政治上有问题的人就不好再参与其中了。在学校层面，教师队伍做了很大调整。右派按程度分成6个层次，极右的直接开除或者送去劳动教养，还有被判刑的。一般右派，不能在业务部门工作，能继续留在本单位，算是优待的了；有的则被调离学校，杳无音讯。

1959年，学校进行教学改革，陈光中的工作岗位从刑诉业务教研室调整到法制史教研室。组织派人找他谈话，告诉他："你已经不适合在业务教研室了，根据你的实际情况，组织上调整你去教历史。"

让他教历史，还有一个背景，北京政法学院受北京市委托，增设政教系，培养中学政治课老师。政教系需要开设中国通史课程，从古代讲到近代，分成古代史、近代史。当时虽然有从外面分配来的历史系毕业的年轻教师，但是师资仍显不足，于是组织想到调陈光中去教历史。让他教历史，有一个考虑，他有一定的教学经验。

虽然没教过历史，但陈光中还是非常高兴。原因有二：其一，毕竟还让他教书，没有把他调离教学岗位；其二，教历史也符合他的兴趣爱好。他从小喜欢读古书，对于历史人物，早就耳熟能详，也很感兴趣。

法制史教研室安排他讲中国历史古代史前半部分，从氏族社会讲到魏晋南北朝。后面的隋唐到宋元明清由武汉大学历史系毕业分配来的吴起灼讲授。

对于古代史前半部分，陈光中需要克服困难，认真准备，他开始大量阅读相关的历史教材和资料。一番厉兵秣马之后，他胸有成竹。他讲历史，教学效果很好，这让他感到轻松了不少。就这样讲了几年，他边讲边学，吸收了很多历史知识。在那样的境遇中，陈光中徜徉在历史巨流中，内心获得一些安慰。

在教历史期间，陈光中仍然关注刑事司法领域，他将刑事司法制度作为研究对象，业余时间写了《我国古代刑事立法简述》。这篇文章专讲我国古代法律，我国古代法律主要是刑律，从春秋战国的《法经》，到汉朝的《九章律》，再到后来的唐律、《宋刑统》《元典章》，然后到明、清律。这样一个演变过程，他用了一万多字加以阐述，清晰勾勒了整个刑事法律的历史脉络。这篇文章先是在中学历史课辅导杂志上发表，后来又于1963年在《政法研究》第4期上发表。

命运的安排，有时候很奇妙。让他没有想到的是，教历史的这段经历，日后派上了用场。陈光中后来到广西大学执教，又教起历史。不过，在广西大学，他教的是近代史，这是后话。

两次参与"四清"运动

"四清"运动是1963～1966年中共中央发动的在部分农村和少数城市基层开展的社会主义教育运动。因清理对象主要有四个方面内容而称为"四清"运动。

在1962年召开的中共八届十中全会上，毛泽东提出要开展社会主义教育运动。1963年，中共中央先后发出《关于目前农村工作中若干问题的决定（草案）》《关于印发和宣传农村社会主义教育运动问题的两个文件的通知》等文件，要求各地在试点的基础上，在部分县、社开始进行社会主义教育运动。1965年1月14日，中共中央印发《农村社会主义教育运动中目前提出的一些问题》（简称"二十三条"），在纠正农村社会主义教育运动中打击面过大等问题的同时，提出了要整党内那些走资本主义道路的当权派。到1966年春，全国约有1/3的县、社开展了"四清"运动。1966年"文化大革命"开始，"四清"运动因被纳入"文化大革命"的轨道而中止。

在"四清"运动中，陈光中参加了两期：第一期是1964年下半年至1965年上半年在四川郫县（今成都市郫都区）。尽管那里是天府之国，条件算是比较好的，但实际上农民还是很贫穷。陈光中和社员同吃同住同劳动，让他想起十多年前在广西参加土改时的情景，一种熟悉的感觉在他心中油然而生，这种感觉很微妙，说不上是喜是悲。第二期是1965年下半年至1966年5月去河北香河。香河离北京不算远，这让他内心更踏实些。

整风运动和反右派斗争之后，陈光中在学校从事教学工作，颇感压抑，作为犯"错误"的干部，感觉被打入另册，不被理解和接纳。下乡工作，他放下了包袱，就有了解脱的感觉。尽管下乡意味着要离开家，陈光中还是很愿意去，远离尘嚣总是好的。

在香河，陈光中担任一个乡里的副队长。队长是当地一名干部，指导员是北京政法学院总务处副处长张文林，他是一位老同志，参加革命比许多人都早，作风朴实，人也很好。与他们相处，陈光中感觉很自在。他所在的队里有一个秘书，叫索维东，是大四学生，也干得很出色。后来索维东调任吉林省，任吉林省人民检察院检察长。

在那段日子里，由于工作踏实认真，比较能干，陈光中被评为积极分子。

不久，"文化大革命"开始，陈光中等下乡参加"四清"运动的人，收到上级部门通知，一起奉命撤回北京。

陈光中对"文化大革命"的最初印象，来自他的亲身体验，有的体验几乎是一个梦魇。他从香河回来，刚进北京政法学院的校园，随即一个场面让他深感震撼。

他们回来的时候，从北京政法学院北门入校。下车之后，大家列队走进学校，两边夹道欢迎，气氛热烈，这是提前布置好的，让返回学校的教工感受到一种温暖。就在大家排好队，准备进校的时候，突如其来的一件事让大家目瞪口呆。张文林是中层干部，也是下乡队伍的领队，陈光中跟在他后面，紧挨着他。谁都没有想到，学生在他们列队时早就做了安排。列队时，造反派学生上来就问："你叫张文林吧？你出来！"马上有几个人把他带走了。这件事让在场的所有人都一头雾水，大家搞不清楚发生了什么事，但都被一种气势慑服了。

那时，学校的造反派模仿"巴黎公社"，起了一个赫亮的名字叫"政法公社"，夺了学校的权；还有一支造反派叫"政法兵团"，只是还没有掌权，但是也很神气。

"文化大革命"前期，在学校里，造反派主要就是揪斗院领导，打击的对象是"走资派"以及资产阶级反动学术权威。学术权威有个界限，副教授以上才够格。那时候学校长时间没评职称，副教授以上的老师没有多少，像陈光中这样"有问题"的，还没有被评为副教授，没有"资格"成为打击对象。

回到学校后，陈光中成了"逍遥派"。斗争现场，他不敢去看；对于斗争的情况，他没有亲见，都是道听途说，听到点什么，都会让他内心紧张。当时学校已经停课，没有事干，但他还是一如既往地去学校上班，去教研室坐着，不在家里待着，以免有一种不得不赋闲的不安定感。在教研室里，他觉得有归属感，感到踏实一些。

乘"末班车"出去"串联"

1966年9月，"革命大串联"开始了。

在全国，出去"串联"的人坐火车不用花钱买票，愿意去哪里都行。红卫兵"串联"到了外地，不是白吃白喝，但是地方政府和相关单位负责安排住处，让出来"串联"的人感觉很方便。许多地方没有什么正式的宾馆，接待方就把宿舍楼腾出一部分来，或者把教室腾出来，让"串联"的人打地铺。

开始"串联"的是红卫兵，后来成分比较好的教师也都出去"串联"，最后那些"条件差一点"、有一点"问题"的教师，也可以出去"串联"一下。陈光中也想出去走走，便和同事关乃凡、许清商量，三个人一起决定借这个机会出去看看。出去"串联"需要革命团体的介绍信，他们找到"政法兵团"要求加入。说起来好笑，他们三人参加"政法兵团"的目的，就是开出介绍信好出去"串联"。

他们出去"串联"的时候，"革命大串联"活动已经到了尾声。陈光中带着上小学的儿子和关乃凡、许清出发，一路南下。他们兴冲冲地从北京出发，计划好路线——从北京到上海，然后从上海沿江而上，抵达武汉，最后到重庆。

到了上海，他们住在华东政法学院的教室里，晚上打地铺。对于他们来说，"串联"到上海并不是为了"点燃革命火种"，而是趁着这个机会免费逛一逛，看看外面的情况，看看沿途的景物，顺便纾解一下郁闷的心情。在上海待了两天以后，他们决定再到杭州看一看，打算从杭州回来再往重庆走。去杭州之前，陈光中的儿子因年纪尚小，跟着大人一路奔波，开始时的兴奋很快就消散了，一路上的生活条件没有家里条件好，就不愿意再走，闹着要回家。陈光中想去杭州看看，儿子却死活不愿意跟着他一起去，只好让他留在上海，他自己去了一趟杭州，但孩子不在身边，他在杭州也无心逗留，只待了一天就匆匆回来了。

回到上海后,中央发出停止全国"大串联"的通知。中央文革小组下令,在外面"串联"的,迅速回原单位。接到这一通知,他们只好终止原先的计划,老老实实回到北京。

在军队接管时期,受到审查

"文化大革命"期间,学校的秩序陷入混乱,中央决定由解放军接管学校,"文化大革命"进入新阶段。

军队接管学校后不久,开始清理阶级队伍。在这个过程中,陈光中成为审查的对象。一开始,他搞不清楚原因,后来有人找他谈话,他才恍然大悟,原来他的"问题"是:他有一张照片,照片上的他穿着国民党士兵的军装在打枪射击。有人怀疑陈光中有历史问题隐瞒,就报告上去。上面的人一听,立即警觉起来,就要调查核实。

这张照片确实在他的照片夹中保留着,他没有隐藏或者销毁。这张照片定是被别人看见了,就被揭发了。对于那时告密成风,陈光中早已见惯不惊,但是这事落到自己头上,难免又是一阵紧张。

陈光中对审查的人解释说:"这张照片是我在中山大学上学的时候拍的。当时我的叔父是陆军军官学校训练班主任,我暑假到他那边去度假,那边设有特务连,特务连连长是我们的亲戚。我们没有打过枪,就问他能不能让我们试着打下枪。他说要穿着军装才能打,普通学生装是不行的。所以,我和堂弟就一起穿上国民党士兵的军装去打枪了,这是我第一次打枪,觉得新鲜,还拍了照作纪念,就留下了这张照片。"他讲清楚这段历史,并且有证明人——在天津工作的堂弟。

事情交代清楚了,经过一番审查,组织上认定确实是这么回事,也就将此事画上了句号。

在"五七"干校初学炊事

1968年5月7日，黑龙江省革委会在纪念毛泽东做出"五七指示"两周年时，在庆安县柳河创办一所农场，组织大批省直属机关干部下放劳动，并定名为"五七"干校。此后，中央各部委和各地竞相办起"五七"干校，安排党政机关干部、大专院校教师和科技人员到"五七"干校劳动，接受贫下中农再教育。

此时，北京政法学院已经归北京市代管。

1970年12月，北京政法学院被撤销，全校教职员工如何安置，一时没有着落。北京政法学院派人考察了几个地方，最后相中了安徽北边的濉溪县五铺农场，决定在那里办"五七"干校。"五七"干校的创办，为这些前途迷茫的教师和干部提供了暂时的去处。

1971年2月，北京政法学院教职工约400人集体来到五铺农场。在农场里编成连队组织劳动。那时被下放到"五七"干校的，主要是教师，一般工人是不下放的。"五七"干校里劳动任务不重，主要任务是种小麦，活儿不太多，大家有相当多的闲暇时间。

陈光中跟着大家下放，编在五铺农场"五七"干校一个连里。

在"五七"干校里，每个连都有一个厨房，各连自己组织一个炊事班。炊事员不是专职，是大家轮流做。尽管是大家轮流做，但也要有所要求，起码要求责任心强，肯为大家勤勉做事。陈光中两次被挑中担任炊事员。

在"五七"干校，不是每个人都有机会在炊事班劳动，因此，在炊事班里做事，是一段难得的经历。陈光中在炊事班干了两个多月，可见他的工作赢得了大家的认可。

炊事班很重要。民以食为天，伙食影响着大家的福利，尽管不可能大吃大喝，但是得保证伙食过得去，让大家不至于怨声载道。炊事班共 8 个人。专门负责烧火的有两个人，烧火需要技术，晚上睡觉前要把火封住，第二天早上再把火拨开；负责做主食的有两个人，做副食的有两个人；还有一个人管账，外加一个人负责打杂和管理工作。

陈光中被安排负责副食，就是炒菜。副食比主食做起来要复杂。刚开始炒菜，一天下来，他的手腕疼得受不了，手总是举不起来，慢慢才练会了，可以驾轻就熟。炊事班偶尔包饺子，就动员群众一起动手，那种其乐融融的场面，是很感染人的。一起动手包饺子，对大家来说，是在干校期间最快活的时光。

那时，北京来的厨师还教他们好多烧菜的方法，陈光中因此掌握了很多烹调的技能。他学会了做馒头，这让他感到很有成就感。多年后，他饶有兴致地回忆当初做馒头的经验：

头一天晚上，先是用面发酵形成酵母面。酵母面有了一定的温度后，再放起来，到第二天大清早做馒头时，往里面掺新的面粉。发酵的面是酸的，要适当掺碱，这样蒸出来的馒头才不酸，还要注意不能有碱味，这个分寸不太好掌握。开始我们是先闻，闻一闻有没有碱味、酸味，一般情况下都能闻出来，但是为保险起见，还要拿一小块面放到火上烤一烤，然后尝一尝，确认没有酸味也没有碱味后，再开始擀成条、切成馒头，一个馒头约有二两。

炊事班每隔几天就要安排大家打一次牙祭，吃点肉，还会到周围的鱼塘去买鱼。市场的鱼太贵了，去周边鱼塘买比较便宜。

在"五七"干校，睡觉是在大的房间，类似学校大教室，每人一张床，不用打地铺，但是除了床以外，没有什么家具。

在干校，有很多空余的时间。多年后回头看，陈光中觉得太浪费光阴。在那段"忍使教鞭做钓竿"的时期，陈光中对今后拿锄头还是拿笔头，并不知晓，发展前景不明，他的内心很迷惘。有人抓紧学外语，用ABCD打发时光，大概对未来有所预期。大部分人只是晃荡，让日子一天天混沌着过去。

陈光中闲着没事，就找棋友下下象棋。他有个好棋友程筱鹤，年纪比他大。周末，二人都放假，就在住处或是外面找个清静的地方坐下来对弈，一坐就是半天，乐此不疲。他们二人对弈，水平不相上下，正是棋逢对手，彼此都乐在其中，正好用来打发光阴。

下放到"五七"干校的教师同亲人不在一起，每对夫妻都成了牛郎织女。亲人有时从北京千里迢迢专门来探望一下，只要来了就待上几天，解一解相思之苦。陈光中的爱人在教育部工作，也被下放到安徽，但是在另一个地方。她有时回北京看一下孩子，顺道路过濉溪这边，先住一两个晚上，再回北京。

从北京下放到安徽，让陈光中直接与基层的老百姓接触，了解了农民的生活是怎么回事儿，这也是一大收获。濉溪那个农场里，很多农民家徒四壁，一贫如洗，他们的住处没有什么家具，有的家里连个暖水瓶都没有。对于不少家庭来说，能够填饱肚子就不错了，还敢奢求什么呢？那时，农业政策还没有放开，谁要在自留地搞点副业，比如种菜、养鸡等，就是"资本主义尾巴"，要被"割掉"。农民被政策束缚得死死的，没有办法改善一下自己的生活状态，外人不到基层，是无从知道的。

多年后，陈光中感叹："年轻的老师，包括我们的学生，有机会不妨到基层去，到郊区生活，哪怕生活一周，体验一下基层生活也好。底层社会到底是什么样子，书本上是学不到的。"

到广西大学重拾教鞭

1972年4月，北京政法学院"五七"干校被撤销，大多数教师干部就地分配。在安徽省的教工安置工作，有一定的灵活性，鼓励大家利用各自的有利条件找工作，有的赶回北京找工作，但有机会回到北京工作的情况比较少见。另有一批人到了张家口，去河北师范学院之类的学校工作，那些地方平时很缺老师，这些人去那里从事教学工作，受到热烈欢迎。

陈光中被分配到濉溪北边的一所中专教语文和历史。分配工作之后，陈光中特意去看了看那所学校，并不满意，就没正式报到，而是赶回北京看望家人。正值教育部也遭解散，他的爱人从安徽回来，也要接受教育部再分遣。那时教育部为解散后的人员安排工作，定下两项原则：一是要离开北京；二是不能在北京附近的地方，必须去往边远地区。教育部确定的安置地区之一是广西。要去广西的有20多人，带队的是教育部一位副司长，陈光中夫妇也想去广西，找到这位副司长，经他同意，确定夫妻二人可以一起去广西大学。

广西大学在南方边陲，是一所偏工科的大学，文科很少，学校想增补一些学科，就成立了中文系，想要着重培养文艺创作人才。

广西大学中文系是临时创办的，没有多少老师。学校就把调到广西大学的老师，以及举凡与中文系相关的人，如出版社编辑等，都安排到中文系的麾下。《广西大学校史》记载："突出的如中文系，从1972年4月起，学校采取多条渠道配备教师；向北京有关部门打听，从原文化部、教育部下放到'五七'干校劳动的知识分子中调来一批；向区内外兄弟院校等有关单位和人员物色，征寻了一批；在区党委支持下，从新闻出版等部门延请了一批；在校内挖掘潜力，调整充实了一批，等等。"

中文系要上基础课，课程包括历史。历史课要专门讲近代史，原因是近代中国被侵略、被压迫，最能激起学生的爱国热情。中央要求大家学习近代史，有激发爱国主义之意，所以大学专门开设近代史课程，加以响应。1972~1978年，陈光中在广西大学主要担任近代史、哲学史教学工作。

教近代史，对陈光中来说难度不大，从备课到正式上课，已是应付裕如。他讲课的特点是备课认真，一般都详细列出讲课要点，讲课时基本不用讲稿，目有所见，辄记于心，一口气讲一节课，不照本宣科。

由于文科的专业太少，广西大学又增设了哲学系。哲学系也没有什么老师。由于没有人教哲学史，哲学系领导就征求陈光中的意见，问他能不能讲中国哲学史。陈光中一直以来对中国近代史、古代哲学史很感兴趣，在大学读了一些古书，对儒家学术思想并不陌生，就一口答应下来。那时哲学界有名的正统哲学家是冯友兰，其代表作《中国哲学史》被大家奉为经典，陈光中曾读过这本著作，也有些心得。

在大学期间，陈光中偶然看到《新建设》上发表的杨荣国教授的一篇文章，大赞法家之好。当时陈光中虽是学生，但是不随波逐流，很有独立思想。他读了这篇文章后，很不赞成将法家与儒家的学说做对比，并且抑儒扬法，他觉得孔孟之道还是很有价值的，不应轻易摒弃。兴之所至，他从图书馆借来《韩非子》，从头到尾通读了一遍，边读边思考，针对杨荣国教授赞扬韩非子的观点写了一篇文章，同杨荣国教授商榷。他认为韩非子的观点讲的就是君主专制统治，以刑去刑、滥用重刑，一如司马谈在《论六家要旨》所说的"刻薄寡恩"，法家还特别强调君主要利用形势，这是不值得赞扬的。稿子写就，寄了出去，不久就被退了回来，编辑客气地说，已经把文中观点、意见转告给杨荣国教授，稿件就不刊用了。这件事并没有影响他对古代史的兴趣。

因此，当广西大学征求他的意见，问他能否讲哲学史的时候，他爽快答应："我可以讲。"从此以后，除了近代史，他也兼讲古代哲学史的课程。

正所谓教学相长，经过教学，陈光中提高了自己的史学素养，为其后来写作出版中国司法制度三部专著打下了基础。对于在广西大学教历史的这段经历，他回忆说："幸好我有古文功底，又爱好历史，倒也自得其乐。"

林彪坠亡事件发生以后，全国都在"批林批孔"，古代哲学一时成为热门话题。儒法斗争一时成为古代思想领域的主旋律，法家被捧得很高，儒家一时俱墨，变得灰头土脸。在"批林批孔"运动中，只有梁漱溟先生在全国政协委员的"批林批孔"会议上挺身为孔子做了长篇辩护，旋即受到与会者围攻。在其他场合，孔子和儒学都被批判得抬不起头来。陈光中对孔子一直是尊重的，对于批孔，他内心不太赞成。他事后才知道，这一批判还大有深意。出逃的林彪生前有尊孔之意，自我提醒"克己复礼"。他倒台后，孔子也随之一起受到批判。在当时的背景下，教哲学史不能违背中央定下来的基调，陈光中也只得跟着批孔，不免讲了一些违心的内容。

在广西大学，中文系相当一部分老师是从北京过去的。如当时的系党总支书记曾是教育部的处级行政干部，还有中文系副主任曹子丹，原在北京政法学院教授刑法。曹子丹是湖南人，曾留学苏联，获得副博士学位。原来在安徽的"五七"干校，后来被分配到安徽劳动大学。曹子丹听说陈光中在广西大学，就联系他，要他帮忙申请调到广西大学工作。陈光中把他的申请报告交给学校，因为曹子丹的学历背景和执教经验等条件不错，广西大学就把他们夫妻两个人都调过去了。

对陈光中夫妇来说，到大学工作是他们从北京到外地安置中梦寐以求的。广西大学临近郊区，环境优美，校园很大，比北京政法学院大很多，这一点令他们十分满意。在广西大学，陈光中回归教书的老本行，他爱人做行政工作，两人各得其所。那些年，几经波折之后，得以安安静静教书，陈光中感到格外欣慰，只是远离留在北京的孩子以及离开法律专业，让他偶尔感到有一点失落。

对于陈光中夫妇来说，工作上一直顺风顺水，没有什么可担忧的，当时牵挂的主要是孩子。当时儿子初中毕业后，在北京郊区石油化工厂工作，女儿刚上小学，家里原来有个保姆在照顾，家里全托付给她打理，陈光中夫妇鞭长莫及，只能每个月寄钱给他们。此外，他还要寄回一点钱给老家的母亲，剩下的钱也不多。每次都是他爱人自己回去看望孩子，要是两个人回北京看望，路费太贵，不如节省一些。有时候放暑假，他们会把小女儿接到广西来待一段时间。

"文化大革命"结束后，长期停摆的职称评定制度恢复了，广西大学的职称评定比北京高校进行得还早。1978年，第一批评职称的时候，整个广西同时评职称。那时候评职称的过程搞得很隆重，广西高校这一次评了若干名教授和一批副教授，陈光中被评为副教授，他们的名字登上《广西日报》头版新闻，大受瞩目。

不久，陈光中的爱人获知一个消息，人民教育出版社恢复运行，正从全国调老编辑、新编辑突击重编中学教科书。陈光中教历史，符合条件，他抓住这个机会，申请到人民教育出版社编写《中国历史》。人民教育出版社拟定统一的调动名单，将名单报送中组部，中组部统一下达名单至各单位进行调动。

尽管广西大学对于刚评上副教授的陈光中十分看重，但接到中组部的调令，要求原单位不得扣留，而且允许家属一起回北京，只能立即放行，陈光中同爱人就这样一起调回教育部系统。

回想起来，陈光中对广西有着深深的眷恋。

广西大学在南宁市近郊，常年绿树葱葱，风光旖旎。在那个动荡的年代，能够在大学里有安身之处，已经是一种幸运。广西天气炎热，到了夏三月，火伞高张，暑气熏蒸，江南长大的陈光中，能够适应广西的气候，即使被蚊子咬了，也只是有一个小红点，抹点万金油就好了。苦的是他的爱人，从小在北方长大，不适应那里湿热的气候；皮肤又特别敏感，很怕蚊子咬，一咬一个包，刺痒难耐。

在广西，对于风土人情，他们了解得不多，因为广西大学的教师来自四面八方，本地风土人情对他们的影响比较小。陈光中印象较深的，是当地人讲究吃白斩鸡，白斩鸡里最高档、最贵的是没有下过蛋的小母鸡。此外，广西大学的鱼塘也让他难忘。鱼塘很大，养着鱼，还培育鱼苗，每年打捞一次，那些鱼打捞出来就分给职工，一个人能分好几斤，大家各自拿回家大快朵颐。陈光中是温州人，从小养成了吃鱼的习惯。能够吃到鱼，让他感觉很幸福。

伍

梧桐在京
凤兮归来

这段时期，我心情舒畅、精神焕发，夜以继日地工作，恨不得把前20年蹉跎的岁月都弥补回来。我个人的才能和学识积累也得到了充分发挥，从而使我在事业上登上了巅峰，也使我立言之梦成真。

——陈光中

久违故都，一朝归来

从广西回到北京后，陈光中被安排编写《中国历史》第一册中氏族社会到魏晋南北朝的历史。这本教材是中学教科书，文字要简明，内容更是马虎不得。对于教材文稿，陈光中都是逐字逐句仔细推敲，力求准确。这本教材封面上印有他和臧嵘的名字，臧嵘编写的是隋唐及其之后的部分。

在编写历史教材时，陈光中戒烟了。

他吸烟是20世纪60年代开始的。那时烟草实行配给制，申请买烟，要分"全吸""半吸"两种，他申请的是"半吸"。后来，他的烟瘾越来越大，每天都要吸上一包。到了广西大学，他还一度卷烟丝来吸。现在，他与几位学者一起编写教材，有人提议戒烟，大家表示赞同，立誓一起戒烟。戒烟的提议，正中陈光中的下怀。回到北京后，他下决心保护好自己的健康。过去蹉跎的岁月太多，他要珍惜以后的日子，把耽误的时间争分夺秒地抢回来，要做到这一点，没有好的身体是难以如愿的。

戒烟之初，他的注意力不够集中，写稿子的时候，总是不由自主地想拿起一支烟。一起戒烟的，有的成功了，也有的戒了一些日子，又继续吸起来。陈光中忍住了，他把烟戒掉了，从此再也没有吸过。

在人民教育出版社工作期间，有两件让陈光中心情畅快的事。一是刚刚复办的北京政法学院的党委撤销了1958年给予他的"犯严重右倾错误"的处分。二是他加入了中国共产党。入党是他多年来梦寐以求的事，也是曾经让他心灰梦碎的事，如今总算如愿以偿，使他实现了政治上的一贯追求。

早在大学毕业时，陈光中就写了入党申请。1951年4月，陈光中的父亲陈躬农自杀。噩耗传来，陈光中正在北大读书，家里的妹妹写信告诉他父亲身故，他拆开信，身体僵住了，大脑一片空白，对于父亲的突然离世，他没有思想准备，得知消息后十分震惊，他抑制不住悲伤，又不能向人倾诉。过了一段时间，陈光中向组织做了交代。他认为，作为团员，应该主动向组织讲明这件事。后来组织讨论他的入党问题，考虑到这一情况，没有批准他入党。他的入党申请材料后来转到了北京政法学院，党组织审查后认为，他属于一般情况下不能入党的情形，因此他未能如愿。在一切讲究政治归属、划定阶级成分的时代，这对他来说，无异于一个沉重的打击。

改革开放后，万象更新。陈光中已经是副教授，属于高级知识分子，对他的错误处分被纠正之后，他马上向人民教育出版社申请入党。人民教育出版社历史编辑室很重视他的入党申请，加快批准他入党。1981年7月16日这一天，陈光中被批准加入中国共产党。

这一时期，北京政法学院开始复办，因学校解散而风流云散的教师纷纷应召归队。北京政法学院很快联系陈光中，希望他回来。此前不久，北京政法学院撤销了1958年给予他的处分，是应尽的责任，也释放了最大的善意。不过，刚调入人民教育出版社，他不便立即回归本校，人民教育出版社编写教科书正需要人，也不让他调回学校，他只能把这一情况告知北京政法学院。

改革开放初期，崭露头角的法学界人才备受关注，陈光中时年50来岁，正是发挥中坚作用的时候。中国社会科学院法学研究所缺人，到处物色研究人员。陈光中是副教授，在法学界有一定名气，中国社会科学院就请他到法学研究所担任刑法室主任。1982年，陈光中决定到法学研究所任职。

这里有个机缘：法学研究所有他的几个熟人，王家福、张仲麟等人都是他的老朋友，很了解他；法学研究所距离人民教育出版社不远，在同一条街上，平常他散步到北海公园附近，经常碰到王家福、张仲麟等人，彼此熟悉，无话不谈。他们借机建议他调到法学研究所工作，告诉他职位安排为刑法室主任。回到法学界本来是陈光中的夙愿，法学研究所对陈光中特别上心，安排的职位也有吸引力，因此，陈光中同意到法学研究所工作。

法学研究所刑法室包括刑事诉讼法和犯罪学等学科。1982年9月，陈光中开始担任刑法室主任。副主任徐益初同他一样，也是刑事诉讼法专家，之前从事检察实务工作，后来从检察机关转到法学研究所工作。

在法学研究所工作不到一年，1983年北京政法学院改名为中国政法大学，邓小平为中国政法大学题写了新的校名。不久，中国政法大学成立三院，包括本科生院、研究生院和进修学院。招生规模由原来的1600人增至5400人。时任党委书记的陈卓以及担任副校长的余叔通找到陈光中，表达了希望陈光中回归中国政法大学之意，请他回来当研究生院副院长。

面对学校让他回归的意愿,陈光中不便自己提出调动,因为他在法学研究所任职时间不长,于是陈卓与余叔通便去找法学研究所所长王叔文商谈调动的事。王叔文表示陈光中也是刚刚调来法学研究所的,怎好轻易放人。与王叔文协商不成,陈卓就直接去找张友渔。张友渔是王叔文的老师,曾是法学研究所所长,比较开通,当时正担任中国社会科学院副院长。张友渔问陈卓:"陈光中是我们所里比较有才的,你们把他要回去承担什么工作?"陈卓说:"让他当研究生院副院长,副司局级,级别提高了。"张友渔听后,觉得这一安排对陈光中有利,就答应了这件事。他说:"陈光中原来是北京政法学院的,现在你们扩大成为政法大学,也是好事,应该支持,现在回去也是理所当然的。"张友渔和王叔文打招呼,建议他开绿灯,就这样,法学研究所同意放人。不过,王叔文提出一个附带条件,他说:"主任的任期是三年,这才当半年就走,我们也不好临时任命,能不能兼任一段时间,我们好再安排人?"这个要求合情合理,陈光中答应了。

1983 年 8 月,陈光中调回中国政法大学任研究生院副院长。研究生院的事务比较多,陈光中兼任法学研究所刑法室主任那段时间,徐益初管刑法室的日常工作,开一些重要会议的时候,陈光中就回去参加一下,牵扯的精力不多。半年多之后,陈光中在法学研究所的兼职就结束了。

蓟门烟树,再续前缘

据《甲子华章——中国政法大学校史(1952～2012)》记载,1978 年 7 月 6 日,最高人民法院、最高人民检察院、公安部、教育部向国务院提交了《关于恢复北京、西北政法学院的请示报告》。报告对北京政法学院的恢复提出了具体意见：刚刚恢复的政法学院按机密专业政审标准录取新生，以保证学生的政治质量。得以恢复的政法学院在最高人民法院和所在省市党委的双重领导之下，以最高人民法院领导为主。北京政法学院在复校时仍然使用原校舍，1600名学生，学制4年，面向全国招生。该请示报告还提到"该院教师基本上在北京市内大专院校和机关，应根据教学需要，调回一批教学骨干。该校交首都图书馆的图书至今封存未动，全部收回"。一个月后，请示报告得到批准。北京政法学院成立了筹备领导小组。为加快复办工作，北京市委提出："凡是在京工作的同志，只要愿意回学校的都可以回去。"根据中央组织部的意见，在外地原来是教师或者后来当了教师的，也可以回来，"文化大革命"前夕留校准备作为后备师资力量的，也可以回归。自此以后，北京政法学院在1979年恢复招生前，已经有180多人回归，学院路41号又恢复了往日的黉门气象。

1980年，彭真提议创办中国政法大学。1982年2月，国务院批准中国政法大学筹建工作计划。1983年2月，中央任命司法部部长刘复之兼任中国政法大学校长，司法部党组成员陈卓担任中国政法大学党委书记。

起初，北京政法学院的院长、副院长是副司局级干部。陈卓是原司法部副部长，他奉命筹办中国政法大学，想把中国政法大学的级别整体提上去。中国政法大学各个院的领导职位本应是处级，学校定为副司局级待遇，属于高配。后来中国政法大学划归教育部管，教育部认为各院领导的副司局级不符合教育部的体制，就都改成正处级了。

陈光中在中国社会科学院法学研究所刑法室做主任时，是正处级干部，调到中国政法大学任研究生院副院长，成为副司局级领导，级别一下子提了上去。这样的副司局级行政级别，为他后来担任校领导奠定了基础。

当时研究生院的院长由第一副校长云光兼任，研究生院党委书记王飞也是司法部调过来的。研究生院任命了三位副院长，张晋藩是第一副院长，程筱鹤和陈光中为副院长。程筱鹤身体不好，一般只是开会时参加一下，不负责具体工作，领导工作主要由张晋藩和陈光中负责。张晋藩负责全面领导和人事工作，陈光中分管教学和招生工作，二人的行政工作都很繁重，头绪较多，比较辛苦。

学校的一般教学工作是常规工作，研究生院的教学有所不同，根据校领导的决定，研究生院要扩大招生规模，以配得上"研究生院"的招牌。按照中央文件的要求，要将中国政法大学办成全国法学的"教学的中心、科研的中心"，研究生院不能不独立撑起一片蓝天，没有可观的规模是不行的。原来研究生不超过 20 人，现在要扩大到上百人。

学校一下子招收这么多学生，没有那么多老师，只好不走寻常路，到处聘请校外导师。那个时候，中国政法大学聘请的老师来自四面八方，有北大的，有人大的，也有其他单位的，尤以来自北大和人大这两所大学的居多。一些知名度高的，如北京大学国际法教授王铁崖等人在接受聘请之前，学校领导都要亲自去拜访，给他们颁发聘书，还要召开正式的聘任会议，对他们礼遇有加，给予的待遇规格很高。

学校就一些重要学科，如法理、宪法、行政法、刑法、刑事诉讼法、法制史都成立了导师组，一共成立了十几个导师组。国际法请北大的王铁崖担任组长，其他人当导师组成员。在北京名气大的法学学者，学校都会延请过来挂名，这些学者也会来讲一两次课，实际工作还是由下面具体的人来做。这样形成校内外相结合的研究生导师小组的体制。导师组成立以后，怎么开课，由各导师组自行决定。这些事情需要一一打理，遇到问题及时解决，分管教学工作的陈光中几乎天天都要到学校坐班办公，处理各种教学事务。

研究生扩招很多，学生没地方住，学校只好到大钟寺附近临时租农民的房屋，将其适当改造，当作学生宿舍用，所以学校的宿舍一部分在校内，一部分散在外面。陈光中专门去看过住在校外的学生，了解他们居住的情况，嘘寒问暖，让住在校外的学生感受到学校对他们的关心。

本来，陈光中从小立志做学问，宁为鹤鸣之士，不欲为官。对他来说，担任研究生院副院长算是无意之得，任职后花费了他不少心血。他的想法是不从政、不为官，但是研究生副院长的职务，不同于党政机关里的领导职务，这种学术上的领导职务，他可以承担下来，因为这些领导职务能帮助他开展一些学术活动，对于学术研究有一定助益。要是纯粹去做官，就违背他的志向，他是无意投身其中的。曾有一次，群众出版社间接征求他的意见，要调他当副社长，他拒绝了。他一直认为，立言比做官要重要得多，能够留在历史上的，还是一个人的作品。他一直珍视的是教师这个职业和学者的志业，专职做官，他是没有兴趣的。

多年后，他的一名学生担任教务处长，陈光中嘱咐他说："处长是兼职，你的本职是教授，是科研，千万不要当着官就放弃教学、放弃科研。在科研上要有新的成就，这是你将来还有更大发展前途的基础。"这番话，既是他自己的体会，也是他多年来的志向。

满腔热情，两部专著

回到学校，曾经有过的郁郁不得志，一扫而光，英雄重新有了用武之地，自然干劲十足，热情很高。陈光中著书撰文，夜以继日，他要把荒废的时光找回来。

回归学校之前,中国政法大学的教材编辑部已经着手编写我国第一部刑事诉讼法教材。陈光中回到学校的时候,这本张子培任主编、吴磊任副主编的高等院校法学试用教材《刑事诉讼法教程》已经分工撰写,他没有赶上最初的撰写分工,成书上没有署他的名字,但是他参与了编辑部的很多工作。作为教材,这本书需要编校加工的地方不少。他一章接一章地看下来,从头到尾进行整体的编辑工作,对整本书进行了校改。

陈光中对历史有着眷眷情怀,正式回归中国政法大学之前,学校向他提出先来兼课,对他说:"中国诉讼制度史还没有人讲,这门课要求授课人不仅要懂历史,还要懂诉讼法学,一般人讲不了,你正好讲过历史,能不能请你来讲?"于是他答应下来,开始给研究生讲授《中国诉讼制度史》。当时没有教科书,他一边给研究生讲诉讼法史专题,一边加班加点编写教科书,好在人民教育出版社参考书(包括古书)很多,他借助这些资料,写出教材中的几章。

一次,公安部下属群众出版社的一名编辑问他:"有什么东西可以给我们出版吗?我们很需要。"他说:"我有几章讲诉讼制度史方面的讲义,可以加工一下变成一本小册子。"对方听了,兴致很高,连说"欢迎"。陈光中着手把这个讲义扩充、加工,觉得还不够完整,想到自己一个人搞不了那么多,就邀请沈国峰老师补写了司法组织、监狱制度等三章;有一章关于执行制度,是郑禄辅助撰写的,他当时跟随陈光中读硕士研究生,后来毕业留校后一直致力于古代司法制度的研究和教学。就这样,《中国古代司法制度》一书很快完成,群众出版社于1984年正式出版。这本15万字左右的著作,是当时法学界出版的很有影响力的专著,发行量达1.3万册。一本学术著作,能够印这么多册,是因为改革开放之后,人们的思想得到解放，对知识更加渴求，新出版的书籍销路很广。那时王府井书店每逢新书上架，柜台前人头攒动，那种景象是那个时期人们追求知识的写照。

《中国古代司法制度》出版以后，陈光中的教学科研工作转向当代刑事诉讼法学（包括草拟立法建议稿等工作），但是他对司法制度史始终挂怀。他说："总觉得历史的天空风云变幻，事故叠连，引人入胜；更感悟史如明镜，鉴古观今，穷究得失，让人智聪目明。通史如此，司法史亦然。中国4000年的古代司法制度，精华与糟粕并存，既是一部司法文明发达史，又是一部司法专制主义史，经验丰富，教训深刻，启示良多。"

那时没有证据法课程，教师们多将证据制度作为刑事诉讼中的一部分来讲授。大家意识到证据在司法实践中非常重要，决定借鉴苏联法学家A.Y.维辛斯基的名著《苏维埃法律上的诉讼证据理论》，共同写一本证据理论专著。于是，中国政法大学刑事诉讼法教研室主任张子培组织陈光中、严端、武延平和张玲元开始编写《刑事证据理论》。

这是中华人民共和国第一部阐述证据制度的专著。该书坚持客观真实原则和马克思主义哲学在刑事证据理论中的指导作用，将辩证唯物主义认识论作为我国刑事证据理论的基础。在设计章节时，大家对于证据的性质是否包含阶级性等问题展开讨论，这是具有一定时代特征的议题。这本书特别提到反对刑讯逼供，阐述了刑讯逼供有何坏处以及为什么要加以反对。书中指出："我们要了解封建专制主义的证据制度，批判其把被告人看成是任意打骂、侮辱、摆布的客体，把刑讯逼供作为合法的取证手段，以及公开地实行阶级、等级的不平等。这对于肃清我们目前仍然存在的封建主义残余思想及其在刑事证据上的反映，是十分必要的。"第三章专门介绍了"资本主义国家的刑事证据制度"，余叔通对这一章的写作给予了大力帮助。写这一章的目的，是考虑到"有一些东西是可以借鉴的。我们的证据制度不是从天上掉下来的。法制是有继承性的，证据法同样如此。不过，我们不能搞无条件的继承，而是要批判地继承"。对于无罪推定，以前人们一直认为是资产阶级观点，在讨论中，大家对有证据证明有罪但是证据又不足的疑案情况该怎么处理十分困惑。对于这种情况，过去通常按有罪处理、从轻发落，大家觉得这个做法不对，需要提出新的观点。最后，大家形成的意见是，封建时代的有罪推定，不能加以沿用，对于有一定证据但是证据不足的情况，应该参照无罪处理，即避开有罪还是无罪的认定，处理结果是不判刑，这样更符合中国的实际情况，也能减少冤案。书中清晰指出："对疑罪的处理，我国法律没有明文规定，但实践中，法院判决时，对事实不清，证据不足的，多是发回检察院补充侦查，或者自行调查。实在无法查清的疑案，也是以无罪处理的，不能把有罪或无罪无法肯定情况下的案件的被告人作有罪处理。"现在看来，这种观点是明智和进步的，但是书中以更大篇幅论述无罪推定原则并不可取，反映了那时法学者思想认识的局限性。不过，在当时能提出"疑罪从无"这一点已经是很大的进步了。

陈光中写了证据制度部分，包括奴隶制国家的刑事证据制度、封建制国家的刑事证据制度、我国半殖民地半封建社会的刑事证据制度，其中包含神明裁判等内容；此外，还有刑事证据的分类和间接证据的运用等内容。在探讨我国刑事诉讼中是否适用自由心证原则，即是否采用以审判员内心确信判断证据的原则时，他指出："1957年以前，由于受苏联的影响，一般认为我国诉讼也适用自由心证原则。反右运动中，自由心证受到了严厉批判，被说成是'右派向党进攻的武器'，从此被列入学术禁区，不许争鸣。粉碎'四人帮'以后，禁区取消了，自由心证又成为法学界探讨和争鸣的一个问题。"遗憾的是,《刑事证据理论》一书采取了不赞同确立内心确信立场,认为"自由心证总的来说是不可取的",因为不符合我国历史特点、在理论上有缺陷、与法院独立审判有矛盾,何况也不能简单否定法定证据。

全书成稿后,文字统稿工作又落在陈光中的肩上。武延平后来回忆说:"这本书对后来的证据学的发展起到了一定的作用。在这本书写作的过程中,陈老师发挥了重要作用,观点上、文字上都起到了把关作用。"

这本书编写完成后,交由群众出版社出版,章节框架为后来的同类书提供了范本。1987年,该书获北京市首届哲学社会科学优秀成果二等奖。后来,司法部教材编辑部组织编写统编法学教材《证据学》,由北京大学的巫宇甦主编,中国政法大学的武延平等人参加编写,主要参考书目就是这本《刑事证据理论》。

不同学术见解不是"精神污染"

陈光中担任研究生院副院长期间,中央要求"清除精神污染"。

陈光中等人经过了多次运动的锤炼,对当时一些人将学术争鸣看作"资产阶级自由化"的做法,内心是有一定抵触的。

20世纪80年代,百废待兴,人心思变,改革开放的观点得到广泛认同与拥护,对于封闭、保守观念的反思与批判十分兴盛,"无罪推定""有利被告"等观点不再像1957年那样被打入冷宫。陈光中在开展"清除精神污染"运动的过程中,尽量避免对学术观念上纲上线的做法。

在研究生院,陈光中分管教学,上级主管部门要检查教学工作,了解老师讲课有没有"精神污染"问题,都会反映到他这里来。检查时有人提出,"无罪推定"是不是"精神污染"问题,教学中讲"无罪推定"是不是应该禁止,要求对这些问题进行追问。这一动向,让老师们有些紧张。经历过的运动多了,大家都心有余悸,私下议论说是不是运动又来了,心里感觉很不踏实。在正式开会时,陈光中宣布教学活动中基本没有"精神污染"问题,也没有哪个具体观点在教学中存在明显错误,并将涉及无罪推定的内容界定为学术上的不同见解,而不是"精神污染"。教师们这才松了一口气,放下了心理包袱。过了没多久,"清除精神污染"的说法就偃旗息鼓,没有人再提了。

其实早在1980年时,陈光中就在《法学研究》第4期上发表了《应当批判地继承无罪推定原则》,他提出:"有罪推定原则必须彻底摒弃;无罪推定原则既包含合理的内容,又存在不科学的东西,社会主义刑事诉讼应当取其精华,去其糟粕,批判地加以继承和适用。"表明不应彻底否定无罪推定原则,要看到其积极的一面。他指出,无罪推定原则还有另一种表达方式,即"任何人未经法院审判,不得被认为是犯罪的人",这是有积极意义的规定,适用于我国的刑事司法实践。"只有法院才能代表国家行使审判权,这同样是我国社会主义法制的一项重要要求。"另外,"不能证明被告人有罪,就应推定其为无罪,以及对不能排除的疑难案情作有利于被告方面解释的原则,同样可适用于我国刑事诉讼"。

2013年,陈光中在《法学杂志》第10期上发表《论无罪推定原则及其在中国的适用》,进一步阐释了无罪推定的内涵。他认为,"我国现行《刑事诉讼法》没有无罪推定的明确表述,其精神虽然在逐步展现和加强,但仍未真正到位,有待进一步完善。应当修改其第12条规定,采取国际通行之无罪推定原则的表述,即'凡受刑事控告者,在未依法证实有罪之前,应有权被视为无罪'。"这番见解,至今仍有推进刑事诉讼制度改良的价值。

获得诉讼法学博士生导师资格

中国政法大学第一个博士学位授权点是张晋藩教授争取来的，他在中国人民大学任教的时候，就取得了法律史专业博士研究生招生资格。张晋藩调到中国政法大学任研究生院副院长，法律史"博士点"也就随之花落法大，他招收的第一批博士研究生，就有朱勇、怀效锋和郑秦三名优秀学生。

当时的"博士点"要国务院学位委员会批准，非常难以申请下来，因此博士生导师资格非同凡响。至今学界还保持一个习惯，介绍一位教授身份时，总要缀上"博士生导师"，其由来就是起初几年博士生导师资格实属难得，比"教授"的含金量要高。到了后来，政法院校第二批博士生导师改由司法部批准，再到后来，就由学校批准了。

中国政法大学在1985年开始申报博士研究生招生培养资格。每个学科的牵头人要有一个班底，以体现二级学科的集体力量。诉讼法专业由陈光中牵头申报，参与诉讼法专业申报的有严端教授、杨荣馨教授和程味秋教授，他们都是这一学科颇有建树、备受尊重的学者。另一个申报"博士点"的专业是国际经济法，牵头人是汪暄教授。1986年，诉讼法专业和国际经济法专业两个"博士点"同时获得批准。

1986～1995年这9年间，全国只有一个诉讼法"博士点"，即中国政法大学的这个"博士点"，可以招收刑诉、民诉、行政诉讼以及证据学研究方向的学生，导师只有陈光中一个人。这一博士生导师资格，体现了他在全国的学术影响力和在法律界的学术地位。

与此同时，中国政法大学成立了中国法制研究所，陈光中担任所长，民法专业的张佩林教授和行政法专业的应松年教授担任副所长。卞建林

1986年7月硕士毕业留校后，就在中国法制研究所工作，属于专职的科研人员。陈光中开始招生后，就把卞建林、谢正权招录为第一届博士研究生，后来谢正权去美国没有回来，卞建林成了他门下最早毕业的诉讼法专业博士生，也是新中国第一位刑事诉讼法学博士。

陆

众望所归
廿年掌门

首先是学术地位和学术影响能不能让大家感觉你有资格领导，认同你，而不是简单地认为你是什么人。

——陈光中

自 1978 年开始，北京大学、中国人民大学、武汉大学、吉林大学的法律系先后恢复了生机，焕发出活力。同时，西北政法学院、北京政法学院等政法专门学院也先后复办。此后几年，全国各综合性大学陆续成立法律系，刑事诉讼法学、证据学、律师学成为必修课或者指定选修课。高等法学教育蓬勃发展，造就了一批又一批法律人才，大大促进了法学研究。

1983 年，陈光中在中国政法大学研究生院工作期间，有一天接到中国法学会的电话，得知中国法学会将成立诉讼法学、法理学、宪法学、民法学、刑法学等一批专业研究会，他被委以筹备成立诉讼法学研究会的重任。接到电话后，他立即着手诉讼法学研究会的筹备工作，包括提名副总干事、干事，确定研究会的工作任务和活动规则。

此时《中华人民共和国刑事诉讼法》实施已 3 年，连同《中华人民共和国刑法》的制定与实施，刑事案件的办理已经有法可依。我国改革开放正在起步阶段，正在开展拨乱反正的工作，刑事诉讼法为纠正"文化大革命"期间冤假错案提供了程序上的依据与保障。在这个时期推动刑事诉讼法的系统研究，显然是必要和及时的。

陈光中筹建诉讼法学研究会，得到同行学人的支持，北京大学的王国枢、王存厚，中国人民大学的江伟，以及中国社会科学院法学研究所的徐益初等都鼎力支持他。

担任诉讼法学研究会总干事（会长）

1984年10月21日至23日，中国法学会在成都召开诉讼法学研究会成立大会。中国法学会副会长甘重斗主持会议。来自全国各地相关单位的诉讼法专家、学者和其他法律工作者，共计100多人参加了会议。会议选举产生诉讼法学研究会的领导机构——干事会。常务干事会由总干事、副总干事、秘书长组成。陈光中当选诉讼法学研究会总干事，柴发邦、吴磊、张仲麟、黄道、唐德华5人当选副总干事，严端为秘书长。这一届经选举产生的干事共有33人，大部分是学者。

"总干事"的称谓，源于这样的考虑：中国法学会的负责人称为"会长"，研究会是下级团体，其负责人若也叫"会长"，难免混淆，不如叫"总干事"以示区别。总干事下面为副总干事、干事。不过，到了第三届，对于"干事"的称谓，大家都不满意，认为应当称"理事"。刑法学研究会率先改称谓，诉讼法学研究会踵其后。从第四届起，"总干事"改称"会长"，"副总干事"改称"副会长"，"干事"改称"理事"。

诉讼法学研究会不是纯民间团体，从一开始就是中国法学会直接领导的学术组织。中国法学会历届会长都有广泛的社会影响力，一般都是著名学者，是学术领域的代表人物。陈光中的学术影响大、人际关系好，是大家公认的诉讼法学界的掌门人。

诉讼法学研究会是中国法学会下属二级学会，是全国各研究会中成立较早的一个研究会，也是学术活动搞得卓有成效的一个研究会。诉讼法学研究会成立以后，搭建起全国诉讼法学，包括证据法学、司法实务的学术平台，成为有一定影响力的社会团体。

各省有代表性的诉讼法学者陆续加入诉讼法学研究会，使研究会人才济济，很快成为有代表性和权威性的学术组织。经历了蹉跎岁月的学者，从精神上"皆若空游无所依"的状态中走出来，重新找回自己，回归教学、科研岗位，成为学术骨干，意气飞扬，迫切需要做一番事业——恢复法学研究。到20世纪80年代中期，法学科研工作涅槃重生，在老一代学者的指导和培养下，大批中青年诉讼法学者崭露头角，成为法学教研的生力军。

行政诉讼法学起步较晚，没有独立研究力量，行政诉讼法学者都是搞行政法的，如应松年、马怀德等，他们的主业是行政法，行政诉讼法不过是附带研究，如同副业。直到现在，行政诉讼法学还没有从行政法学中完全分离出来，所以诉讼法学研究会一开始只有刑事诉讼、民事诉讼两个领域的学者，行政诉讼法学者付诸阙如。行政诉讼法学属于诉讼法学的一个部分，如果它缺位，诉讼法学就不完整。陈光中注意到这一点，一直鼓励研究行政诉讼法的学者参加诉讼法学研究会年会，苏州大学的杨海坤教授就是这样成为诉讼法学研究会理事的。

诉讼法学研究会历经几次换届，大体情况是这样的：1987年8月，在南昌召开的诉讼法学研究会年会上，干事会换届，经选举产生的第二届干事会共有56名干事，总干事由陈光中连任，副总干事8名。1991年8月，在银川召开的诉讼法学研究会年会上，干事会再次换届，经选举产生的第三届干事会共有63名干事，陈光中再次连任总干事，副总干事增至10名。1996年11月，在湘潭召开的诉讼法学研究会年会上，干事会又一次换届。经中国法学会批准,"干事会"正式更名为"理事会","总干事"和"副总干事"更名为"会长"和"副会长"。经选举产生的第四届理事会共有80名理事,另有14名名誉理事。陈光中当选会长,副会长13名。2001年11月,在西安召开的诉讼法学研究会年会上,经选举产生第五届理事会,陈光中再次当选会长。

陈光中作为诉讼法学界掌门人,其学术地位得到肯定和彰显,他把诉讼法学研究会运作得有声有色,营造了总干事、副总干事之间团结、融洽的学术研究氛围。他担任中国法学会诉讼法学研究会总干事、会长前后长达22年,他之所以能在诉讼法学研究会任职这么久,除了诉讼法学研究会是学术团体,没有规定任职年限,众望所归者可以连选连任(2006年诉讼法学研究会重新建章立制,有了会长连任不超过两届的限制)外,更主要的原因是:第一,他在学术研究方面不遗余力,不断发表论文和专著,有广泛的学术影响力,学术造诣让人折服。第二,他执掌诉讼法学研究会时做事公正、认真,将研究会管理得井井有条,大家交口称赞。第三,他待人以诚,没有架子,具有亲和力,能够将大家凝聚起来,这一特点是大家公认的。无论是北京的学者还是外地的学者,都非常敬重他。他担任诉讼法学研究会总干事、会长的22年间,诉讼法学研究会一直是团结的,即使内部有些小的摩擦,产生不同意见,也很容易消解,经过沟通,达成一致,不至于执而不化。

早在诉讼法学研究会担任总干事、会长十余年的时候,陈光中就曾萌生过退意。当时他自感年事已高(已逾70岁),身体不允许他超负荷工作,遂有不再做会长的想法。他向诉讼法学研究会理事会提出辞去会长一职,同时推荐中国人民大学江伟教授担任会长。起初,研究会同人并不同意他辞任,认为陈光中担任研究会会长,乃人心所向,事业所需,希望他继续执掌研究会，但是陈光中说明缘由，意愿坚定，在他的坚持下，大家不得不同意这一请求。

当陈光中与江伟一同向中国法学会汇报这件事时，中国法学会党组书记、常务副会长佘孟孝亲自听取汇报，听了陈光中辞去会长的想法，他简单说了一句："我们再商量一下。"

后来佘孟孝与陈光中就此事沟通，明确表示："还是希望你继续留任，你工作忙一些，让副会长分担一些。"辞任会长一事本来是陈光中真心实意提出来，大家勉强同意的，如今了解到佘孟孝的态度，大家就劝陈光中："老陈，你继续干。"江伟也一再表示由陈光中继续当会长，换帅之想也就搁置起来。

一直坚持的几件事

在陈光中的主持下，诉讼法学研究会核心班子团结一致、关系融洽，整个研究会学术氛围积极活跃，一年一度的年会，参加的人数越来越多，学术研究呈现兴旺发达的气象。在他领导诉讼法学研究会的 22 年间，诉讼法学研究会对全国的诉讼法学研究起到带动作用，有力促进了诉讼法学的繁荣。这是诉讼法学研究会的功劳，陈光中作为研究会的会长，功不可没。

初任诉讼法学研究会总干事之时，陈光中并没有研究会的组织经验，每年召开一次年会的设想，是在 1986 年第二次诉讼法学研究会大会上形成和决定下来的。研究会的年会模式自此确定下来：每年全国诉讼法学研究会年会都设置特定的主题，根据该年度的主题汇集学术论文，举办学术研讨会，并将汇集的年会论文正式结集成册。后来有了经费支持，这些论文集就正式出版了。

诉讼法学研究会一年一度的年会，其流程与学术讨论形成一种固定模式，大体是：由实务部门主要是最高人民法院、最高人民检察院、公安部或者司法部的领导介绍当前司法实践的有关情况，为接下来的学术交流提供实践基础，启发与会者的问题意识；接下来，与会代表分组讨论，每组确定一个小组长，安排一个人负责记录；在总结汇报环节，每个小组派一位专家阐述各自的代表性观点，由小组安排的代表汇报小组的讨论情况。一般做法是，资深一些的学者做个人发言，青年教师或博士生代表小组汇报讨论情况。

诉讼法学研究会有一定之规，形成了良好的风气和习惯做法。多年来，陈光中在执掌研究会期间坚持做的几件事是：

其一，每年召开一次年会。诉讼法学研究会年会越开规模越大，影响也越来越大。每次开会，研究会都号召大家提交论文，最初几年提交的论文比较少，后来提交的论文越来越多，提交论文成为一种习惯。年会每年确定一个主题，学者们提交年会的论文和在会上讨论的问题，均会整理成综述材料，在《中国法学》《政治与法律》等期刊上公开发表。这些综述提炼了学界对于理论与实践热点问题的最新见解和不同观点，理论界与实务界按图索骥，学术界的动态一目了然，了解起来非常便捷。对于特别重要的问题，研究会还会专门报给中国法学会，以《要报》形式向中央领导和中央主管部门报送。与会者提交的论文在会后结集正式出版，这种形式使这些学术研究成果得以保留下来，不致被埋没，而且成为许多人日后检索和使用的学术资料。

其二，提倡围绕主题各抒己见，百家争鸣。陈光中极力主张学术上民主争鸣，大家畅所欲言，充分交流学术观点与思想，不要自我限囿，有所顾忌。

多年来，在他的倡导下，诉讼法学研究会年会强调思想开放、独立思考，为学者以及其他法律工作者进行学术交流与思想争鸣提供了宽松的平台。

其三，注重理论联系实际。诉讼法学是实践性很强的学科，这种实践性同法理学、宪法学、法制史学不一样，不仅诉讼法学者注重诉讼法学说的实践应用，实务部门也很重视诉讼法学研究成果的司法转化。参加诉讼法学研究会年会的人，除了学者以外，还有许多司法实务部门和律师界的法律工作者。多年来，最高人民法院和最高人民检察院都会派出副院长、副检察长出任诉讼法学研究会副会长，公安部一般派法制局的局长出任诉讼法学研究会副会长。诉讼法学研究会年会讨论的议题，既有理论问题，也有实务问题，实践部门对这些议题也都有浓厚的兴趣。

其四，每两年评选一次中青年优秀成果。为了发现和提携诉讼法学研究领域的后起之秀，推进本学科研究的进一步发展，陈光中提议，诉讼法学研究会常务干事会讨论决定，从1994年开始，评选并颁发诉讼法学中青年优秀科研成果奖。陈光中在讨论这一提议时提出："老学者不要评，我们都占着领导位置，不好评，这个奖就是为了提携后起之秀设立的，要给年轻人提供一个展现自己的空间。"他提出评选应有年龄限制，为中青年学者优秀研究成果的呈现预留了空间。

这个奖项设立以后，影响力越来越大，起初以诉讼法学研究会的名义颁奖，后来有人提议不妨以中国法学会的名义来颁奖，这样可以提高奖励的档次。于是从第二届评奖开始，这一奖项就由中国法学会颁发，奖项名称改为"中国法学会诉讼法学研究会中青年优秀科研成果奖"。这样一来，奖励档次就提高了，影响进一步扩大，成了省部级优秀科研成果奖项。

"中国法学会诉讼法学研究会中青年优秀科研成果奖"分一、二、三等奖，优秀科研成果奖包括两类：优秀专著和优秀论文。当时专著的获奖名额少，论文获奖数量多一些。第一届获得一等奖的著作只有两部，作者分别是卞建林和张卫平。回顾多次评奖情况，陈光中曾欣慰地说："前几届获奖的作者，如今多已成为诉讼法学界的中流砥柱。"

这一奖项激发了青年学者的研究积极性，诉讼法学科一批批后起之秀不断在学界脱颖而出，为同行所瞩目。奖励中青年学术成果的做法是诉讼法学研究会的首创，后来刑法学研究会也跟着搞起了优秀科研成果的评选活动。

年会议题多与刑事诉讼法修改相关

诉讼法学研究会成立之后，一直以推动修改和完善刑事诉讼法为主要任务。每次年会的议题大多与《中华人民共和国刑事诉讼法》的修改和完善相关。

1984年10月，诉讼法学研究会举行成立大会，以如何建设具有中国特色的诉讼法学为议题进行了学术讨论。

1986年诉讼法学研究会年会的中心论题设定为：1.体制改革与诉讼法的完善。包含健全和完善刑事诉讼立法，建立司法责任制度，建立涉外刑事诉讼程序，法人能否作为诉讼参与人，健全死刑复核程序。2.如何切实保证执行诉讼法。包含纠正"先定后审"的不当做法；严格注意公检法三机关的制约关系，坚持上下级法院的审判监督关系；妥善解决收容审查问题。3.改革和完善检察制度。包含加强和发挥检察机关的监督作用，变双重领导为垂直领导等。4.健全律师制度。包含加强对律师权利的保障，扩大律师职权，改革律师体制等。

1987年诉讼法学研究会年会的中心议题是：1.完善和健全我国的诉讼

制度。2.进一步加强法律监督。主要内容包括：改革审判流于形式，重视和加强合议庭职权的问题；二审"上诉不加刑"问题；侦查程序完善问题，如强制措施的实施、非法证据排除等问题；公检法三机关分工、配合、制约问题；强化律师辩护职能问题；正确理解和行使检察权问题；关于死刑核准权问题；我国实行何种证据制度问题；疑罪从无问题。

1988年诉讼法学研究会年会围绕以下议题展开：诉讼法学研究的方向和意义；司法机关依法独立行使职权；刑事诉讼主体；中国证据制度名称及特征；证明责任；诉讼主体；免予起诉废除与否；申诉的制度化构建等；与《中华人民共和国刑事诉讼法》完善相关的关键问题。

1989年诉讼法学研究会年会以"刑事诉讼法修改"为主题展开。主要讨论的修改内容包括：减刑、假释的监督程序；证人的法律责任；地域管辖的范围；上诉不加刑；取保候审增加财产保；逮捕条件放宽；非法证据能否作为定案依据；同案犯可否作为证人；取消或减少检察机关自侦案件的范围。

1990年诉讼法学研究会年会主要围绕以下两个方面展开讨论：1.证据部分。包含举证责任的分配与转移和证据判断的理论问题。2.《中华人民共和国刑事诉讼法》修改部分。主要涉及检察机关提前介入侦查阶段问题；海峡两岸交往中的刑事诉讼问题；刑事司法协助问题；死刑复核问题；申诉问题。

1991年诉讼法学研究会年会的主题是讨论"刑事诉讼法的修改与完善"。会后，诉讼法学研究会就参会论文选编了一本专题论文集，即《刑事诉讼法的修改与完善》。

1992、1993年的诉讼法学研究会年会以"刑事诉讼法的修改"为主题，组织与会者对刑事诉讼法应该修改的诸多问题进行了深入、广泛的讨论。

在 1995 年诉讼法学研究会年会上，陈光中决定将讨论《中华人民共和国刑事诉讼法（修改草案）》（征求意见稿）作为本次年会的主要议题。与会人员，除了学者与司法实务部门专家外，时任全国人大常委会法工委主任的顾昂然和法工委刑法室人员几乎全数参加。他们将《中华人民共和国刑事诉讼法（修改草案）》（征求意见稿）和《关于刑事诉讼法修改中几个主要问题的说明》带到年会，分发给与会代表，组织专门讨论，听取意见。讨论的内容主要涉及：逮捕的条件；人民检察院自侦案件的范围；自诉案件的范围；免予起诉的修改；律师和其他辩护人参加刑事诉讼的时间；庭审的方式；被害人的诉讼地位和诉讼权利；办案期限；检察机关的侦查手段；死刑复核程序的完善等。

这场讨论是非常热烈的，与会人士多数认为刑事诉讼法修改草案的精神值得肯定，因为它解决了相当一部分诉讼实践中亟待解决的问题，兼顾了追究犯罪与保障公民合法权益两个方面的需求，使我国刑事司法制度更加科学、民主。不过，也有不少人对这次修改刑事诉讼法期待甚殷，认为等了十几年才修改一次，不妨将修法的力度再加大一些，主张对刑事诉讼法进行大修。这次会议上，几乎每个人都发了言，民事诉讼法学者也积极参与讨论，其间也不乏激烈的争鸣与犀利的论战。

全国人大常委会法工委负责起草工作的人员由衷地感叹，从大家的热烈讨论中得到了很多启发。[①]这次年会后，诉讼法学研究会汇集《中华人民共和国刑事诉讼法（修改草案）》（征求意见稿）的讨论意见，呈报中国法学会，并刊载于 1995 年《要报》第 203 期。与此同时，全国人大常委会法工委又听取了各实务部门的意见，再次拟定《中华人民共和国刑事

[①] 袁婷、李维娜："陈光中：五届会长源于时代委重任"，载《民主与法制时报》2012 年 6 月 11 日。

诉讼法修正案（草案）》，于12月提交八届全国人大常委会第十七次会议审议。

诉讼法学研究会2006年换届选举

诉讼法学研究会刚成立时，受法学界"重刑轻民"观念的影响，民事诉讼法学发展相对落后。改革开放以后，经济发展推动了民商事法律以及民事诉讼法的发展。随着民事诉讼法学研究力量壮大，为了在各专业领域更好地开展学术研究活动，1997年3月诉讼法学研究会常务理事会研究并报请中国法学会批准，决定在诉讼法学研究会之下，设立刑事诉讼法学与民事诉讼法学两个专业委员会。两个学科实行"年会合着开，专业委员会的会议分着开"的办法。陈光中担任刑事诉讼法学专业委员会主任，江伟担任民事诉讼法学专业委员会主任。

2006年9月25日至28日，诉讼法学研究会年会在杭州举办。中国法学会诉讼法学研究会常务理事会开会征求意见，拟将诉讼法学研究会分为两个独立的研究会。常务理事会通过决议：从第六届开始，诉讼法学研究会分为两个独立的研究会。从此，刑事诉讼法学研究会和民事诉讼法学研究会开始了各自独立发展的历程。中国政法大学教授卞建林当选新成立的刑事诉讼法学研究会会长，中国人民大学教授陈桂明当选新成立的民事诉讼法学研究会会长，陈光中正式卸下会长的担子，被聘为刑事诉讼法学研究会名誉会长。至此，历经5届，他已经伴随诉讼法学研究会走过了22个年头。

担任刑事诉讼法学研究会名誉会长

刑事诉讼法学研究会成立以后，陈光中作为名誉会长，几乎每一次年会都会参加，每次参加都会提交论文。

2019年刑事诉讼法学研究会年会召开，他提交的论文阐述的是关于死刑复核程序中的律师介入问题。他做过初步统计，在死刑复核程序中，有律师介入的不到1/3。他强烈呼吁在死刑复核程序中建立律师全面介入的制度，认为这是死刑案件刑事诉讼最后的关口，这个问题极为重要，国际人权公约也明文规定死刑案件中的被告人在任何阶段都要得到律师的帮助，把住这道最后的关口，才能守住不错杀冤杀的要津。他还在年会发言中就这个问题大声疾呼，殷切期望立法机关和司法机关对这个问题予以高度重视。

2020年刑事诉讼法学研究会年会，陈光中请假没有参加，这是他第一次缺席刑事诉讼法学研究会年会，但是仍然把《中国现代司法制度》一书的序言打印后发给年会代替论文。

2022年11月26日，中国刑事诉讼法学研究会第三次会员大会暨2022年学术年会在北京召开。会议采取线上线下相结合的方式进行，年会主题为"我国法治现代化进程中的刑事诉讼制度建设与法学研究展望"。陈光中出席年会并致辞，他指出，法治建设的深入推进离不开刑事诉讼法学工作者做出的贡献，研究会应当担当起学术责任、贡献学术智慧。他特别强调加强国际交流的重要性，主张不但要借鉴吸收他国的法制与学术成果，也要注重将本国的法制与学术成果介绍到域外，不能故步自封，与世界隔绝。他认为："这个过程，应当持续下去，前进的步履不能停。"

这一番话，让与会者深受触动。

柒

士不旋踵
扛起重任

在担任研究生院和学校领导期间，我肩负重任，不敢稍有怠慢，在改革教学、建设昌平新校区、破格晋升青年教师职称、引进人才、开展对外学术交流、提高学校声誉等方面均有所建树，因作风平实被誉为『平民校长』。

——陈光中

担任常务副校长，主管昌平校区基建

1988年，中国政法大学校领导换届，校党委书记一职由杨永林接任。杨永林是司法部党组成员、人事司司长，此时被调到中国政法大学。江平被任命为校长，他此前是副校长，如今由副校长被提升为校长，正是大家所期待的。陈光中由研究生院副院长被提升为常务副校长，也是大家高度认同的。这一年，他58岁。

陈光中这一代法学家回归法学界时已年届中年，按照现在的标准，作为校领导的人选，58岁已经超过年限，不必考虑，但那时法律教育中断多年，人才青黄不接，从更年轻的学者中物色校领导，不太容易。另外，中国政法大学注重在有学术影响的学者中选任校长，因此可选择的范围就更窄了。20世纪90年代，江平教授曾对其弟子们说过："我们这一代人，正赶上法学人才断代，后继乏人，这才冲到前面，都是时势使然。"此话虽为谦语，也是实情。

中国政法大学换届后的学校领导班子主要成员是杨永林、江平和陈光中三个人。江平管全面工作，他腿不太好，昌平校区基建任务比较重，加上新生入学，也需要有人盯着，因此，校领导分工，就让陈光中一揽子负责管理昌平校区的基建工作。

中国政法大学所在的西土城路25号，在蓟门桥西南角，占地360亩。除了一座教学楼、一座图书馆和一座行政楼，就是几栋学生宿舍，外加一个小小的篮球场，其余是作为教职工宿舍的筒子楼和平房。

1970年北京政法学院被撤销后，校园内先后迁入北京市第174中学、北京市戏曲学校、北京市歌舞团、北京市曲艺团等单位。1979年学校复办后，学生上课，人手一只马扎，上课时就坐在马扎之上。这边上课，那边吊嗓子，读书上课，兼歌舞升平。笔者于1989~1992年在中国政法大学攻读硕士学位期间，还经常看见歌手、舞蹈演员到排练厅练功、排练节目，时不时在校园内穿行。即使后来相关单位迁离，但校园面积毕竟从360亩缩至150亩，弹丸之地，不开疆拓土，无法满足学校快速发展的需要。中国政法大学的校牌挂起来后，学校就开始着手扩建校园。

1985年，国家给中国政法大学在昌平县（今昌平区）拨了550多亩地，用以建设新校区。最初，学校按规划建了一栋教学楼，还建了学生宿舍和教师公寓。在昌平新校区建设时，陈光中每周至少去昌平三四次。他的工作方式是，每星期一上班，召集学校各处室负责人开周会，听取他们汇报每周工作，及时协调解决他们提出的问题。那时工作的重点是搞好基建工程质量，遇到这方面的问题，要立即严查解决。因此，一到星期一，他必定出现在昌平校区，处理那里的事务。可以说，昌平新校区是他看着一点点建起来的。

稳定大局，接任校长一职

1990年2月，中国政法大学召开大会，在大会上司法部宣布免去江平校长职务，同时宣布陈光中以常务副校长名义主持学校的行政工作。

1992年5月，陈光中被任命为校长。1994年3月，他就卸任了。按正常任职情况，一届校长任期应当是4年或者5年，他只做了不到半届。那段时间，学校既要稳定，也要谋求继续发展。各种因素导致学校无暇他顾，只疲于应付当时的局面。作为校长，他要面对重重压力，负重前行。

陈光中担任校长期间，重视人才，引进了一批人才。他主抓的昌平校区盖起了新的教学楼，缓解了教学设施不足的难题。当时校领导的主要任务是稳定大局，尽全力稳定学校的局面。这一过程很辛苦，所以陈光中当校长的感觉不太好。当上级定下来他不再担任校长，他顿感轻松了不少。上午宣布免职，下午他就从办公室搬出来，毫无恋栈之意。他的想法是：不做校领导，可以有更多时间做学问，成就自己的学术志业，塞翁失马，焉知非福。

海峡两岸法学交流的破冰之旅

陈光中任校长期间，组织了一个活动，在法学界产生了很大的影响。当时东吴大学校长章孝慈通过东吴大学法律学研究所所长程家瑞与陈光中联系，表示愿同中国政法大学合作，开展两岸法学交流。陈光中喜出望外，马上表示："我个人很支持，但是这个事情是大事，要由司法部领导决定。"他很快向司法部领导汇报，司法部认为两岸交流是大好事，也是两岸解冻的途径，表示大力支持。

陈光中开始组织学术交流团队。台湾地区希望大陆名校的校领导和法学院院长都参加,组成一个"豪华"阵容。陈光中很快便提名组建起一支引人瞩目的学术交流团队,于1992年11月赴台北参加法学学术交流会,成员共11人,包括中国人民大学法律系主任曾宪义、中国社会科学院法学研究所所长王家福、北京大学法律系沈宗灵教授、西南政法学院院长种明钊、华东政法学院院长史焕章、对外经济贸易大学国际经济法系主任冯大同、南开大学国际经济法研究中心主任高尔森、中国政法大学研究生院副院长曹子丹、吉林大学法学院院长张文显与苏州大学法学院副院长王耀梁。

这是大陆法学家第一次去台湾地区交流。这次破冰之旅,在台湾地区引起很大轰动。法学交流团抵达宝岛后,当地电视台和报纸每天都有报道。交流团初到宾馆,一大堆记者已经等在那里了。一进宾馆,陈光中一行就召开记者招待会,特别说明这是一个学者代表团,不代表官方,学术观点皆由个人负责。

参加第一届海峡两岸法学学术研讨会的学者,分别就两岸法学教育研究与海峡两岸互动所产生的债权、契约合同、智慧财产权等议题进行研讨。章孝慈在研讨会上提出,唯有双方不断接触,才能彼此了解,等相互了解之后,将来必然有所突破,最后达到互融的境界。他期望借助经常举办的两岸法学学术研讨会,使双方能够长期持续地接触,化解彼此间的隔阂。陈光中在致辞中表示,希望经由两岸的法学交流,促进双方友好往来。

操持会务的程家瑞,很有办事能力,鼎力协助章孝慈校长筹办此事,一切安排都一丝不苟,井井有条。

在接受记者采访时,陈光中畅言:"海峡两岸在政治上的分歧,并不妨碍双方的法学交流。相反，正是因为存在分歧，反而更需要交流。只要双方本着诚意、善意的态度来进行，就能够取得成效。"他认为："法学交流应互相切磋，取长补短，双方应互相吸收对方的优点。"谈到对台湾地区的观感，他说："台湾朋友的友好热情，比我原来想象的还要好，对此我们都印象深刻。台北市容也相当清洁、漂亮，不过似乎人多地少，显得有些拥挤。我想以下面这首诗来形容我的感受：'东吴学者勇创举，两岸教授宝岛聚，满园春色关不住，炎黄子孙总是情。'"

这次宝岛之行，大陆学者通过学术交流，结识了蔡墩铭等一批法学家，双方互动热烈，让人深感两岸一家亲。以此为开端，两岸法学交流逐渐开展起来了。正所谓：青山遮不住，毕竟东流去。

过了一年，即1993年，台湾地区法学界组团来到大陆，来访者有60多人，浩浩荡荡，包括法学界和实务部门的翘楚，有学者，也有法官（以学者身份参加）。

大陆第一次承办两岸法学交流活动，其规模盛大，规格又高，组织者和相关部门自然极为重视。1993年8月23日上午，海峡两岸法学学术研讨会开幕式在北京人民大会堂举行。全国人大常委会副委员长王汉斌、雷洁琼，司法部部长肖扬等出席开幕式。肖扬部长在开幕式上发表了讲话，陈光中和章孝慈也先后在开幕式上致辞。这次研讨会，海峡两岸与会者有160多人，济济一堂，气氛热烈。两岸法界人士共提交论文18篇，涉及16项专题，内容颇丰，质量也高。

8月26日，海峡两岸法学学术研讨会闭幕的第二天，中国政法大学和东吴大学签署了一项校际交流协议，内容包括互派教师、教授讲学，定期、不定期地协助对方办进修班，定期、不定期地召开学术研讨会进行学术交流。此项协定是大陆高等学校同台湾地区高等学校签订的第一个校际交流协议，也是此次研讨会的一大成果，标志着两岸法学界的交流与合作进入起步时期。

1993年是章孝慈的母亲章亚若80冥诞。章孝慈借这次学术交流的机会专程去桂林祭拜母亲。访问团里有十几个人陪同他一起去桂林祭拜。陈光中作为中方会议召集人，也陪同前往。

在祭拜现场，章孝慈一边念祭文，一边痛哭。祭文中"两家九口，独我来斯。外婆吾父，魂应相随"，更是令在场的人眼眶潮湿，为之动容。

捌

修刑诉法

驰名海外

诚然，立法要立足于国情，反映现实需要，这是一个基本的出发点。但是立法也应当有一定的前瞻性，要对联合国有关法律文件所确立的刑事司法准则和西方国家一些有借鉴价值的做法有所体现。

——陈光中

1996 年刑事诉讼法修改的背景

1979 年,中华人民共和国颁布了第一部刑事诉讼法典,结束了长达 30 年没有一部完整、系统的刑事诉讼法典的历史。

1979 年制定《中华人民共和国刑事诉讼法》之时,陈光中尚未回到北京政法学院,因此没有参与这部法律制定的过程。北京政法学院派出参与立法活动、提出立法建议的是张子培和严端。

1996 年,《中华人民共和国刑事诉讼法》实施 17 年后迎来了第一次修改的机会,全国人大常委会将其列入立法规划要予以修改,这是刑事诉讼法学者一直盼望的消息,大家闻讯都感到很兴奋。这次刑事诉讼法修改,立法机关广开言路,咨诹善道,察纳雅言,与学界互动密切,使国内知名刑事诉讼法学者在修法过程中得以尽其言责,发挥重要作用,尤其是陈光中对推进刑事诉讼法的成功修改贡献良多,影响甚大。

这次刑事诉讼法修改是历次修改中最具有改革性、开拓性的一次,值得大书一笔。回溯其背景,可以清晰地看到 1996 年刑事诉讼制度的变革具有历史转折意义：1979年刑事诉讼法是我国改革开放以后"一手抓改革，一手抓法制"的产物。那时国家百废待兴，法制领域一片荒芜，国家开始着手制定一些基本法律，有法总比无法要强，因此先把法律制定出来，就成了立法机关急切的想法。1979年刑事诉讼法的制定，解决了法律从无到有的问题，做到了有法可依。但是，限于当时的历史条件，刑事诉讼立法过程仓促，如同急就章，难以精心打磨出一部精致的法典。当时确定的刑事诉讼模式，也是苏联式的旧有模式。随着改革开放更加深入，实务界、法学界都觉得这种旧的刑事诉讼模式，不能不有所更易，特别是审判方式非改不可了。

刑事诉讼应当采行何种模式，成为这部法律修改的主要议题。对于既有的模式，有人称之为"超职权主义模式"或者"强职权主义模式"。学界普遍认为，按照《中华人民共和国刑事诉讼法》的规定，人民检察院起诉以后，法院要预先审查，认为达到事实清楚、证据充分才决定开庭，达不到标准的，要退回人民检察院补充侦查。这种预先审查，其实质是"先定后审"，法院已经确定被告人有罪才开庭审判，亦即开庭审判先经过"预决"，审判结果几乎在过程开启前就已经确定了。如此一来，开庭之前法官已经认定要对被告人定罪，法庭上审查证据势必流于形式。在法庭审理过程中，不是由公诉人负责出示、宣读证据，而是由人民检察院事先提供证据，开庭时由法官来宣读、出示并听取各方意见，职权调查的色彩强烈。对被告人的口头讯问，也是以法官讯问为主，公诉人只是陪衬，证人、被害人和鉴定人几乎都是不出庭的，法官依赖庭前形成的案卷来判断是非曲直。这种诉讼模式，仿佛将控和审结合在一起，统统由法官一手操办，法庭审判活动成了空洞化的走秀过程。

20世纪90年代，经过十多年的法律文化交流，我国法学界对外国法制和法学已经有了很多了解，刑事诉讼法学者开始有意识地借鉴外国刑事诉讼模式，特别是英美法系的对抗制诉讼，这种制度当时被称为"控辩式"，即现在常说的"当事人主义诉讼模式"。

在英美国家，为防止预断，法官和陪审团事先不去了解案件材料，开庭时才通过庭审活动获知案件情况；就证据来说，法官普遍奉行克制主义，不主动进行调查取证，双方提出什么证据，法庭就审查什么证据，对案件事实的判断就基于这些证据，在庭审过程中形成心证。这种注重双方当事人积极主动发挥作用的诉讼模式，与我国的超职权主义模式有很大差别。对比之下，凸显了超职权主义模式存在的弊端：一方面，超职权主义模式不重视对证据进行公开检验，查明事实真相的过程也缺乏竞争性。若法官事先对事实判断错误，在随后的法庭审判中，这种预断仍会起主导作用，其对案件的错误认识就不容易得到纠正。另一方面，控辩双方难以发挥各自的积极作用，辩方的防御权也难以得到有效保障，使得整个庭审失去积极探索精神。尽管公安机关和人民检察院、人民法院按照宪法和刑事诉讼法的规定存在互相制约的关系，但多年的司法实践表明，这种制约大多流于形式。陈光中深切地感觉到，不大力改革刑事诉讼制度，是解决不了这些问题的。

1990年以后，在每年举行的诉讼法学研究会年会上，都有学者提出刑事诉讼制度改革的议题，呼吁修改刑事诉讼法。

在这一背景下，陈光中认为提出刑事诉讼法修改建议正逢其时，也显得尤为重要。他感到，借着诉讼法学研究会举办年会的场合推动刑事诉讼法修改的时机已经成熟。

在此以前，陈光中就酝酿提出修改刑事诉讼法的建议。1991年诉讼法学研究会年会召开前，他将自己的博士生王洪祥找来，嘱咐他说："我们合作写一篇论文，提交给即将召开的诉讼法学研究会年会。"这篇文章很快写好了，题为"刑事诉讼法模式的改革和刑事诉讼法修改的必要性"。在诉讼法学研究会年会上，王洪祥代表陈光中在大会上做了主题发言。这一发言道出了与会学者的心声，立即引起共鸣，产生了很大影响。

这次年会召开之后，诉讼法学研究会将包括刑事诉讼法修改建议在内的综合情况写成简报提交给中国法学会，陈光中、王洪祥的这篇文章被专门整理成简报发给了中国法学会，中国法学会随后将会议的重要内容反映给有关部门。到了第二年诉讼法学研究会年会召开时，刑事诉讼法修改的呼吁有了回响。

全国人大常委会法工委委以重托

在 1992 年诉讼法学研究会年会上，全国人大常委会法工委刑法室主任李福成在大会上做了发言，发言中提到刑事诉讼制度要改革，并列举了刑事诉讼法要修改的几个主要方面的问题。李福成的发言，代表的是立法部门的修法意图，传递出明确的信号：要着手进行刑事诉讼法的修改，刑事诉讼制度改革已成大势所趋。听了李福成的发言，注意到他的观点同自己的观点一致，陈光中大感快慰。

1993 年 10 月，李福成联系陈光中，告诉他一个消息："法工委经过研究决定，委托陈校长组织你校专家研究提供一个刑诉法修改专家建议稿，供立法参考。"他坦率地告诉陈光中，法工委力量不够，需要借助学界的力量加以弥补。李福成恳切地说："陈校长，你们的基本观点，我们了解，与我们是一致的，我们是支持的。"陈光中听了，意识到这个任务重大而光荣，立即爽快答应下来。李福成嘱咐："这次修改很有必要，尽量抓紧时间。你们起草过程中,有些观点我们互相沟通。"他还指出:"这个专家组,你当组长。所有人员都要是政法大学一个学校的,不找外校的。人一多,观点不一致,协调起来很麻烦。政法大学的人由你来统领、组织,我们法工委会全力支持。一些重要的会议,你们开的时候,我们来参加,以便沟通交流。"陈光中对李福成说:"既然这样,你们给我发个文件,我好方便出面组织。"不久,法工委给中国政法大学正式发函,委托陈光中组织专家草拟刑事诉讼法修改建议稿。

全国人大常委会法工委选中陈光中,有几个原因:一是他是诉讼法学研究会会长,在刑事诉讼法学界是学术带头人,是组织专家起草修改建议稿的不二人选;二是他是中国政法大学校长,有组织上的保障,很容易把人员组织起来;三是他的学术观点,总体上与法工委的一致。

陈光中根据法工委的公函着手组建班子,很快成立了修改研究小组的核心小组。陈光中为主持人,几名副手中,排名第一的是严端,然后是程味秋、周士敏、樊崇义。这4位教授作为核心成员,是这个修改研究小组的支柱。中国政法大学的刑事诉讼法教师,除了特殊原因不能参加的以外,都参加了这次修改建议稿的草拟工作,具体参加人除陈光中、严端、程味秋、周士敏、樊崇义之外,还有陶髦、李宝岳、周国均、刘金友、刘根菊、肖胜喜、洪道德、李新建、张家春、张偶尔、宋英辉、岳礼玲、吴杰、刘玫、鲁杨、陈瑞华、李忠诚、陈开欣、李文健、熊秋红、刘善春、高家伟,秘书为宋英辉、陈瑞华。

陈光中按照刑事诉讼法体系做了分工,安排各位参与者具体负责哪一部分,谁承担起草修改建议稿的工作,谁来写论证意见,分工一一明确之后,他们就着手开展工作了。

法工委希望陈光中牵头尽快搞出一个专家建议稿。陈光中向李福成提出:"国内刑事诉讼法实践状况,我们平时有所掌握,不需要专门调研;外国的情况,我们想搞一次调研活动。我手里有项目,调研经费可以从这里出。"李福成听后欣然同意。

之后,陈光中组织修改研究小组主要成员到欧洲调研考察,预计调研一个月,去法国、德国、意大利等欧洲国家。当时他们想考察的重点是大陆法系国家的刑事诉讼制度。除了去欧洲考察外,陈光中还计划召开刑事诉讼法国际研讨会,请域外著名刑事诉讼法学专家来北京介绍相关经验,供我国刑事诉讼法修改时吸收、借鉴。

欧洲考察之旅

1993年11月,陈光中组织人员去欧洲考察,参加考察的有严端、程味秋、李福成、卞建林。李福成是全国人大法工委刑法室主任,是刑事诉讼法修改中的重要角色,请他担任考察小组副组长,便于他了解情况,减少沟通上的隔阂,有利于解决修法过程中的争议问题。

项目资助用于考察并不宽裕。为了节省经费,考察小组到了欧洲,没有住酒店,而是找便宜的民宿住。大家从超市买来牛奶、面包、鸡蛋吃,偶尔到外面吃饭,也主要吃中餐。

在法国和意大利,中餐馆比较多,温州人开的中餐馆尤其多。陈光中印象最深的一次,是到一家中餐馆,他试着问餐馆老板是不是温州人,一打听,果然是温州老乡,彼此都很开心。陈光中跟餐馆老板讲了几句温州话,立即拉近了距离,彼此都感到格外亲切,对方一高兴,还给考察小组加了一个菜。

考察小组主要对大陆法系的法国、意大利进行重点考察,重在了解大陆法系吸收英美法系的情况。考察小组在法国、意大利逗留的时间比较长。在法国，除了巴黎，他们还去了里昂等几个城市。意大利的刑事诉讼法在20世纪90年代从大陆法系转而借鉴吸收英美法系的一些要素，陈光中对其修法的内容与思路很感兴趣，认真了解他们的法律改革情况和收集相关资料。在这个过程中，考察小组与《意大利刑事诉讼法典》起草人进行座谈交流，获得不少启发。

这次欧陆之行，陈光中对法国、意大利印象很深。多年后看那时留下的照片，交流时的情景历历在目，他感叹："真是令人回味。"

组织起草刑事诉讼法修改建议稿

欧洲考察归来，修改研究小组开始具体的法律条文起草工作。修改研究小组本着适应改革开放和国家经济建设的需要，以及促进刑事司法制度科学化和民主化、健全社会主义法制的精神，对我国现行刑事诉讼法规定的程序和制度提出了一系列修改和补充完善的建议，由此形成一份修改建议稿。这份修改建议稿试图总结公安司法机关在长期实践中创造和积累的成功经验，对刑事诉讼法实施过程中出现的突出问题提出具体的解决方案。这份修改建议稿吸收了十多年来刑事诉讼法学界的科研成果，参考了公安司法机关制定的一些内部办案程序规定，如《公安机关办理刑事案件程序规定》《人民检察院刑事检察工作细则》《最高人民法院关于审理刑事案件程序的具体规定》等，有些建议还借鉴了外国刑事诉讼法的有关规定，形成了集思广益之后的中等规模的刑事诉讼法修改建议稿。

为了完善我国刑事诉讼程序体系，以适应实际工作需要，修改建议稿增设了一些新的程序和制度，如简易程序、未成年人案件程序和涉外案件程序等。这样，修改建议稿就相应地扩大了篇幅，统合共计6编329条。原拟在修改建议稿中设立"司法处分"和"强制性医疗措施"两种程序，已经拟出条文，但考虑到这两种程序的可行性尚待进一步研究、论证，就只作为附件提出，以备参考。

参与这个起草过程的程味秋教授回忆说：

我参与了刑事诉讼法修改建议稿的全过程。从1993年法工委正式发函要求先生组织班子提出修改建议，到1994年我们把修改建议稿提交出来，时间是很紧张的。修改建议稿这个事情在政法大学也不简单，先生组织草拟修改建议稿的人员多达29人，这些人分属政法大学各个单位，并不是一个单位，还有几个博士生。他们本身就有自己的教学、科研或行政工作，博士生还有学习任务，所以把这些人组织起来本身就非常不容易。基本可以这么说，完成这个修改任务都是这29个人放弃休息时间来做的。因为很难在工作日当中找到一个统一的时间，那只能在假日或者晚上把大家集合起来，单从这方面讲就很不容易，大家放弃了休息，来做这么一件有意义的事情。另外，当时的条件也比较艰苦，比如决定周日的下午和晚上开会，那就是吃一顿晚饭，也就是一份盒饭。

从法工委交代任务到出国考察再到形成修改建议稿，前后用了一年多的时间。修改建议稿起草完之后，作为尚不成熟的初稿提交给法工委。

法工委拿到初稿后，很快安排陈光中等学者进行系统汇报。汇报是按照修改建议稿几个部分按顺序进行的，包括修改要点是什么、为什么要修改，都要做出解释和说明。几位专家按照各自重点负责的部分进行准备，然后分头汇报。汇报分上、下午进行，用了整整一天。

陈光中把修改建议稿提交给法工委以后，法工委参考这一修改建议稿，酝酿起草了自己的草案，拟修改的条文比修改建议稿大为减少。对于修改规模，陈光中等人在草拟条文时讨论过，大家认为"大改不可能，小改不甘心"，于是确定了中改规模。法工委自己的草案，从条文修改数量看，只是小改规模。法工委在起草了自己的修改稿以后，便开始向各方征求意见。

陈光中提交给法工委的修改建议稿没有附加修改理由的说明。提交了修改建议稿以后，陈光中又组织大家在提交修改建议稿的基础上，补充修改理由。参与起草的学者逐一写出修改理由的说明，对于哪一条怎么改进行了书面论证；有的条文难以决断，还设有第一方案和第二方案。

从1994年开始，陈光中就打算将修改建议和论证稿公开出版，他还就此专门征求法工委意见，法工委表示同意。1995年，刑事诉讼法修改建议稿和修改理由的说明，作为重要的学术成果，以《中华人民共和国刑事诉讼法修改建议稿与论证》为书名，由方正出版社出版，主编为陈光中、严端，副主编为程味秋、周士敏、樊崇义。[1]该书正文前有篇说明，介绍了法工委正式委托的经过和修改建议稿的形成过程。这本凝聚了陈光中等刑事诉讼法学者心血和热忱的书，先是在1996年获北京市第四届哲学社会科学优秀成果特等奖，后又在1998年获教育部第二届普通高等学校科学研究优秀成果奖（人文社会科学）法学一等奖。

---

[1] 该书其他撰稿人为李宝岳、周国均、刘金友、刘根菊、张家春、卞建林、肖胜喜、洪道德、宋英辉、李忠诚、陈瑞华、李文健、熊秋红、刘善春、高家伟、蔡金芳、王树平，秘书为熊秋红。

"改革力度这么大，成效那么快，令人钦佩"

1994年11月，在组织起草刑事诉讼法修改建议稿过程中，陈光中在北京组织召开了中国刑事诉讼法改革国际研讨会。按陈光中的计划，主办方邀请了国内外专家一起讨论我国刑事诉讼制度改革。

这次国际研讨会规模空前，十几个国家、地区的学者和专家都汇集北京，堪称一时之盛。与会的外国学者，有英国著名法学家麦高伟教授，他是第一次来中国，后来与陈光中成为交流密切的朋友。此外，还有德国著名刑事法学家J.赫尔曼教授，以及美国加州大学戴维斯分校法学院F.菲尼教授以及来自俄罗斯的刑事诉讼法学教授等。

会议召开时，主办方特别邀请雷洁琼参加开幕式，时任全国人大常委会法工委主任顾昂然、司法部部长肖扬也参加了开幕式。在会上，陈光中以"中国刑事诉讼法修改的指导思想"为题做了一个报告。会议期间，陈光中把修改建议稿最基本的建议修改内容、要点、指导思想，都拿到会上听取意见，为刑事诉讼法修改起到了征求建议和预热的作用。

1995年，诉讼法学研究会年会在厦门召开。陈光中率团刚在台湾地区考察完，直接从台北飞到厦门。顾昂然和法工委刑法室的人参加了这次年会。他们把法工委起草的修改草案发给年会代表，刑事诉讼法学研究会这一届年会就以这个修改草案征求意见作为主要内容展开讨论。

在全国人大对《中华人民共和国刑事诉讼法》正式修改前夕，应法国巴黎第一大学比较法研究所所长M.D.-玛蒂约稿，陈光中的博士生熊秋红配合他撰写了一篇文章，介绍中国学者对于刑事诉讼法修改提出的主要观点。后来，玛蒂见到陈光中时说："你们的改革力度这么大，成效那么快，令人钦佩。在我们法国，一个比较具体的改革也会吵上半天，难以通过。"陈光中说："我们大会小会也有争论，争论中也涉及各方面利益的纠葛，但是协调得比较快。"

实际上，那时我国刑事诉讼制度改革也有一定的阻力。有的是观念原因造成的，司法观念跟不上，改革行动就滞后。那时要是将无罪推定、反对强迫自证其罪等议题拿到台面上讨论，意见分歧会很大，根本不可能转化为有效的法律规定，因此，陈光中等人没有将这类会引起分歧的议题拎出来供大家研议；还有的是部门利益冲突造成的问题，刑事诉讼法涉及不同机关的权力配置与调整，不同部门对刑事诉讼法修改期待不一，部门利益的本位思考很容易使改革议题偏离各自应有的客观立场。但是，好在那时全国人大分管立法工作的副委员长王汉斌思想开明，判断力强，敢于拍板，敢于负责，有时法工委与相关部门协调不下来的事情，汇报给他，他能够直接做出决定，一语定乾坤。

王汉斌在全国人大及其常委会立法工作中担任领导职务长达20年，是我国立法工作的重要见证人和决策人之一，参与和主持起草、制定和修改的法律有230部，在1996年刑事诉讼法修改过程中贡献卓著。1996年《中华人民共和国刑事诉讼法》修改之后，王汉斌出版了文集《社会主义民主法制文集》和《王汉斌访谈录——亲历新时期社会主义民主法制建设》。他的经历和著作是我国社会主义现代化新时期社会主义民主法制建设成就的一部分。

2012年1月16日，王汉斌文集出版座谈会在人民大会堂举行，陈光中应邀参加并发言。在发言中，陈光中表示王汉斌是非常可敬的立法领导人，特别指出："在疑罪从无问题上，汉斌同志旗帜鲜明地支持，认为这是刑诉法修改当中很重要的内容。"

建言献策，推动修法

在全国人大讨论刑事诉讼法修改草案前最后一次征求意见的会议上，王汉斌亲自到会听取大家对法律修改的意见，还特意找陈光中征求意见。

那是接近全国人大正式修法之前召开的一次规模较大的会议，刑事诉讼法学界知名学者齐聚一堂，都极力想就自己看重的修法意见做最后的表达。此外，公检法司各部门都有官员参加会议，他们也高度重视这次征求修法意见的机会。各方代表聚在一起，因人数过多，不得不分成几个大组进行讨论。分组讨论之外，主办方还安排代表在大会上进行发言交流，陈光中、严端等都在大会上发言，抓住这一机会表达最重要的修法意见。

在大会发言中，陈光中主要讲了审判方式改革问题。当时，对审判方式改革存在不同意见，检察机关不愿意接受新的庭审方式，希望保持过去法院依职权主导的模式。有人提出，庭审方式变化，会加重检察机关的负担，修法不能不顾及这一难题。陈光中听了，当场解释道："这种改革，对于检察院来说，尽管是加重了责任，但是也加强了检察官角色作用，使检察机关的庭上表现更充分。"多年后，最高人民检察院通过一系列改革举措，大力强化检察机关在刑事诉讼过程的主导责任，突出了检察机关在诉讼结构中的重要作用。回溯其改革条件，1996年刑事诉讼法的修改，为检察机关强化自身作用的改革措施奠定了程序基础。

陈光中发言时，王汉斌耐心倾听，后来王汉斌单独找陈光中谈修法的意见，对他说："现在法律修改已经快成熟了，还有什么问题没有解决？"陈光中表示，他主要关切当时定不下来的一个原则，就是疑罪从无；此外，还有一个未决问题，就是简易程序的设置。王汉斌说："对于新的庭审方式，有一种意见说这种改革开庭很花时间、人力、物力，你看怎么解决？"陈光中说："这种开庭是正规的开庭，只用于一部分案件。相当一部分案件采取简易程序，现在我们的草案里缺乏简易程序。"王汉斌马上表示支持，同意确立简易程序的意见。陈光中接下来又说："疑罪从无不写不行啊，一定要规定进去的。"对于这个问题，王汉斌没有当即表态，表示要好好研究一下才能确定。

关于疑罪从无问题，立法部门有一定顾虑，他们觉得这个规定对打击犯罪不力，有放纵犯罪之嫌。陈光中和其他学者一再坚持，立法机关经过斟酌，接受了这一建议，相关法律条文写进了刑事诉讼法，体现为证据不足不起诉和证据不足无罪判决的法律规定。同时，立法机关也认可对证据不足作不起诉的案件，检察机关发现新的证据后，符合起诉条件时，可以提起公诉。这类规定，是为了诉讼平衡而做出的补充规定。

除了陈光中提出的这两个问题之外，王汉斌主动提出来："死刑案件，到了法场执行枪决，耗费人力、物力太多，能不能采取既省事又省钱也更加人道的方法，例如注射？"陈光中当即表示支持，认为死刑执行方法应当采取更加人道的方式，可以补充新的执行方式。后来，1996年刑事诉讼法修改时，在"枪决"这一死刑执行方法之外，又增加了"注射"这一更为人道的方法，这是王汉斌的想法带来的一个重要立法改变。

陈光中主持的刑事诉讼法修改建议稿中写了无罪推定原则，只是表述的内容不是按照联合国文件表述的。陈光中回忆说："无罪推定有几种表述方式，包括联合国的表述方式。定罪之前不得认定为犯罪这种表述，我们写进了修改建议稿。到了立法机关广泛征求意见的尾声，写成了'未经人民法院依法判决，对任何人都不得确定有罪'。"尽管这一规定吸收了无罪推定的合理因素，但是立法机关一直没有正式认可无罪推定原则，全国人大常委会法工委主任顾昂然在《关于〈中华人民共和国刑事诉讼法修正案（草案）〉的说明》中将刑事诉讼法第12条概括为"不经人民法院判决不得定罪"，只字未提"无罪推定"。

陈光中对这次刑事诉讼法修改感到满意，他评价说："这次刑事诉讼法修改是突破性的，后来2012年的修改是属于完善性的，是在这个基础之上进一步加以完善。1996年刑事诉讼法，几个方面都有很大突破，是带有模式性、根本性的修改。"他感到不足的是，当时立法要重点解决的是诉讼模式问题，没有将证据制度的修改作为重点，这方面只修改了一个条文，即在证据种类方面增加了"视听资料"作为独立的证据种类，如此而已。

在陈光中看来，1996年刑事诉讼法的修改，有两个耀眼的立法突破：

一是刑事审判模式乃至整个刑事诉讼模式发生变化。我国刑事诉讼原来采行的是调查审问式模式，或者如有的学者所称的"纠问式诉讼模式""超职权主义诉讼模式"，经过这一番修法，转化为吸收英美法系当事人主义诉讼因素的新模式，人们称之为"控辩式诉讼制度"。这一转变，导致刑事诉讼大格局发生变化。

二是具体制度和程序方面取得进步。第一，原来刑事诉讼法除了"被告人"称谓以外，还有"人犯"称谓。由陈光中组织起草的刑事诉讼法修改建议稿将统称的"被告人"依审前和审判阶段的不同，改称为"嫌疑人""被告人"，同时废除"人犯"的说法。自此，刑事诉讼立法将"被告人"的称谓依两大阶段分成两种：起诉以前叫"犯罪嫌疑人"，起诉以后叫"被告人"。这一变化，为刑事诉讼主体的称谓起到正名作用。第二，将辩护律师的介入提前到侦查阶段，这是一项修改幅度很大的内容。辩护律师在刑事诉讼中的介入，原来法律规定只能在审判阶段介入，修改后改为辩护律师可以介入审查起诉阶段。实际上，律师已经可以在侦查阶段介入诉讼，只不过在侦查阶段不叫"辩护人"罢了。立法过程中，开始称侦查阶段的律师为"帮助人"，将其活动称为"提供法律帮助"，后来法律文本中没有保留"帮助人"的称谓。陈光中主张一律叫"辩护律师"，但是司法实务部门和立法部门认为，这样规定未免跨度太大，主张侦查阶段不宜叫"辩护律师"，但是同意律师在侦查阶段介入。及至2012年《中华人民共和国刑事诉讼法》再修改时，才正式将律师"提供法律帮助"正名为"辩护"。第三，强制措施方面有诸多修改，包括一个"大口袋"——收容审查制度被废止了。收容审查制度本来不是刑事诉讼制度，但是跟刑事诉讼发生了密切联系。对于收容审查制度，立法机关在修改刑事诉讼法时的说法是"终止"，实际上就是予以撤销。不仅如此，那时强制措施制度还有很多具体修改内容，包括逮捕条件、拘留条件都做出了具体修改，体现了更加民主化也更加符合保障人权原则的要求，同时顾及保障刑事诉讼活动顺利进行的需要。第四，在起诉制度中，废除了免予起诉制度，扩大了不起诉范围，增加了裁量不起诉和证据不足不起诉两种新的不起诉种类。另外，对于起诉的案件，为防止预断，规定法院在开庭前不审查证据的实质内容，只进行形式审查，也称"程序性审查"，将实质审查放在法庭上进行。与此相联系，审判方式也以法官大包大揽、全面主宰的方式，改成法官主持控辩双方平等对抗的方式，为强化诉讼攻防创造了条件。这次修法确定下来的庭审方式，一直运行到现在，成为我国刑事诉讼中的既定模式。第五，检察机关的侦查权范围有所限缩。这次刑事诉讼法修改把职务犯罪以外的经济犯罪案件全部移交公安机关管辖，立法意图是避免检察机关既侦查又监督，将侦查战线拉得太长，牵扯监督精力。

《中华人民共和国刑事诉讼法修正案（草案）》审议通过

1996年3月，八届全国人大四次会议对《中华人民共和国刑事诉讼法修正案（草案）》进行审议。陈光中接到法工委刑法室工作人员的电话，让他立即赶到人民大会堂。到了人民大会堂以后，陈光中得知人大代表在审议修正案草案时提出了一些修改意见，法工委刑法室将意见整理后准备对部分条文进行修改，已经拟出初稿，想听听他的意见。

在人民大会堂的一间会议室里，陈光中和法工委刑法室的工作人员逐条讨论，确定条文内容。陈光中印象最深的，是对修正案草案第1条的修改。修正案草案第1条维持1979年刑事诉讼法第1条的规定："中华人民共和国刑事诉讼法，以马克思列宁主义毛泽东思想为指针……"有人大代表提出，这种表述在任何法律中都可以用，不是针对刑事诉讼法自身的特点而言的，在刑事诉讼法里可以不写。对于人大代表这一建议，陈光中是认同的，他主持起草的修改建议稿里没有这种表述。经过认真考虑、反复斟酌，修正案草案第1条确定为："为了保证刑法的正确实施，惩罚犯罪，保护人民，保障国家安全和社会公共安全，维护社会主义社会秩序，根据宪法，制定本法。"陈光中后来不无遗憾地谈起："当时没有写上'保障人权'，这是个不足。"他深知，当时立法理念还存在一定的局限性，刑事诉讼法要写上这几个字，并不容易。

1996年3月17日，《全国人民代表大会关于修改〈中华人民共和国刑事诉讼法〉的决定》以高票获得通过。对于这次法律修改，各方面评价都很高，普遍认为这个修改决定在民主化、科学化方面迈出了一大步。

1996年刑事诉讼法第一次修正，确定了我国刑事诉讼改革的整体框架与未来走向。后来的两次修法，尽管也有刑事诉讼制度的进一步完善，取得了一定突破，但是最大的突破是在1996年修法中完成的。陈光中作为当时诉讼法学界的执牛耳者，主持了刑事诉讼法修改建议稿的起草工作，积极参与刑事诉讼法修改建议工作，引起各方瞩目。

陈光中让熊秋红将他们草拟的修改建议稿同通过的刑事诉讼法修改决定进行对比："尽管文字上不能说完全一样，凡文字上大体一样，或者说文字上虽不完全一样，但内容上被吸收的，看看有多少。"熊秋红逐条对照，得出结论说："大约有2/3，也就是说，建议稿中的重要内容，大多数被吸收了。"尤其是关于诉讼模式的意见，基本上都被吸收了。没有被吸收的内容，包括非法证据排除规定。

当时修改建议稿建议刑讯逼供取得的口供应当加以排除，但立法机关没有采纳。严端教授还专门就这个问题在大会上发言，表达了应予采纳非法证据排除规定的意见。对于这个问题，王汉斌的意见是，中国还没有到这个地步，不必操之过急。

回顾这一次修法过程，陈光中认为，委托学者起草修改建议稿的情况是不多见的，却是很有价值的。他指出："现在强调三结合——立法部门、实务部门和专家学者三结合。专家学者向立法部门提出立法意见的情况，自己先拿出一个建议稿供立法机关参考的做法，在过去不太多见。"全国人大常委会法工委委托陈光中研究、提供立法建议稿的这一做法，开创了学者参与立法、发挥更大作用的新模式。后来，有论者称陈光中是"论证专家"，指的就是对立法建议稿的论证。

对于陈光中主持起草的修改建议稿在立法中发挥的重要作用，不仅立法部门肯定了其贡献，法学界和司法部门也普遍认同其发挥的作用。刑事诉讼法修改决定通过之后，其影响扩大到海外。当时全国人大常委会委员长乔石访问加拿大时，有记者采访他，他还专门提到诉讼法学研究会的贡献，认为刑事诉讼法修改迈出的步伐比较大。

这次法律修改在国际社会也赢得广泛认同，很多学者都对中国刑事诉讼法制的进步表示祝贺。耶鲁大学法学院中国法律研究中心主任 P. 葛维宝教授以钦佩的口吻赞扬陈光中，认为他为中国刑事诉讼法学的发展和刑事司法制度的改革做出了重大贡献，"是一位有国际影响的中国法学家"。

葛维宝教授很欣赏陈光中，还特别邀请他到耶鲁大学参加学术交流会。2000 年，陈光中与葛维宝教授分别代表中国政法大学刑事法律研究中心与耶鲁大学法学院中国法律研究中心签订合作协议，合作内容包括双方定期开展合作交流，费用由双方承担。

玖

执策千里 再续华年

我始终注意本专业国外资料的收集，注意掌握外国以及联合国的最新立法动态。我觉得只有大体上了解了本专业古今中外的知识，才能使自己视野开阔，具有前瞻性。

——陈光中

他山之石，可以攻玉

1994年，陈光中从校长职位上卸任。卸去了烦冗的行政事务，他感到神清气爽，真正体会到"无官一身轻"的感觉。

在学术研究中，陈光中素来重视学以致用，科研成果紧密联系司法和立法实践来展开，与立法和司法有关的学术活动越加频繁，他参加许多学术研讨会、学术讲座，学术成果明显增多了。

担任校长之前和担任校长期间，行政事务缠身，他很少走出国门，对外交往以外事活动接待为主。卸去校长之任以后，他的心力转到学术研究上，对外学术交流活动也随之频繁起来，国际合作的研究成果也越来越多。

即使在行政事务最繁忙的时候，陈光中也未尝放松学术研究。他的国际视野让他始终站在学术研究的前沿。他重视对域外刑事诉讼制度的比较研究，早在1988年，他就主编了《外国刑事诉讼程序比较研究》一书，这是中华人民共和国成立以来我国法学界第一部系统研究外国刑事诉讼程序的专著，写作体例与学术观点都令人耳目一新。

陈光中认为，要想深入了解域外司法情况，不能闭门造车，需要亲自去了解、去观察，务必取得第一手资料。因此，从20世纪80年代前期开始，陈光中经常出国，先后到过法国、德国、意大利、荷兰、英国、美国、加拿大、日本等国讲学、考察和参加国际会议。古今贯通、中西兼容，在民国时期成就了一位又一位学术大师；在当下，法学者不仅要对现代法律学术问题有所精研，取得扎实的学术成果，对于古代法律制度和学术以及外国法律制度和学术，也要有精深的了解和研究。他深知，古今中外结合，才能卓然成家，成为大师级的学者。

从1993年开始，他先后多次率领由理论部门和实务部门专家组成的考察小组或者代表团到法国、德国、意大利、英国、美国、加拿大、日本、韩国等国考察访问，了解这些国家的刑事司法制度及最新动态。

到欧洲诸国访问考察，让陈光中受益良多。当年严复到欧洲国家旁听法庭审判，深受触动，写下这样一段话："犹忆不佞初游欧时，尝入法庭，观其听狱。归邸数日，如有所失。尝语湘阴郭先生，谓英国与诸欧之所以富强，公理日伸，其端在此一事。"在欧洲访问考察的陈光中，也有类似感慨。他赞同法国学者A.佩雷菲特的话："对社会与对个人一样，要了解自己必须通过别人。"他还注意到文化传播带来的各国刑事诉讼制度的相互借鉴、吸收，如欧洲一些国家注重吸收英美法系司法模式的有益因素，包括辩诉交易，对欧陆诸国产生了不小的影响，而法国、德国的法律界人士都对认罪协商制度很有兴趣。陈光中得出一个结论："刑事诉讼有共同规律性的东西，各国迟早要按照这一规律来改革本国制度；各国也有因国情不同而形成特色的制度。对域外司法制度的考察，既要重视各国的相似性，又要注重其差异性。"

1995年1月，陈光中应邀到法国巴黎第十一大学律师培训学院讲学一个月，这是他在国外停留时间最长的一次。法国方面为他提供了一个月的教授工资，还提供了一套房子供他暂住，他带着夫人一起去了巴黎。

在巴黎的一个月，他一星期讲一次课。按照预定计划，他给法国的律师培训、讲课，但实际前来听课的不尽是律师，还有其他法界人士。每次讲课，都配有法语翻译，算上翻译时间，上一次课大约一个半小时。翻译曾是中国政法大学的讲师，后来到法国留学攻读博士学位。异国他乡能有这样的合作，让陈光中备感亲切。

在巴黎期间，陈光中的心情时起波澜。法国是欧洲文化的中心之一，法国文化体现在许多方面，其法律与司法是世界法律发达史中不可磨灭的辉煌篇章。法国是最早将意大利法学家贝卡里亚的无罪推定写入宪法性文件的国家，《人权与公民权利宣言》饱含保障人权思想和正当程序的精神，至今仍焕发出夺目的光彩。法无明文规定不为罪，法无授权不可为，这些人权宣言彰显出来的内容，在世界各国，都是人们经常提及的法律基本原则。拿破仑时期制定的《治罪法》是现代法国刑事诉讼法的基础，经过不断修订完善，至今仍适用。其还一度影响日本明治维新时期的刑事诉讼立法，日本当时的刑事诉讼法也称《治罪法》。

在法国的日子，陈光中了解了法国独特的司法制度和法院体系，直观地感受到了法国文化的巨大魅力，巴黎一些历史建筑承载的法国文化更让他深深为之震撼。他认为，巴黎是欧洲诸国大城市中最值得一看的，凡尔赛宫等一些名胜，令他流连忘返。

有的域外考察活动是专就某一项制度进行的。我国原本没有法律援助制度，陈光中意识到法律援助制度的重要性，就于1997年3月专门组织一个小组去英国考察这一制度。考察小组一行4人，包括后来成为司法部法律援助中心负责人的宫晓冰,这是我国法律界人士第一次出国考察域外法律援助制度。陈光中回忆说:"这次考察给我们的印象非常深刻,英国的法律援助,国家拨款相当巨大。只要是刑事案件,几乎全都有法律援助,而且申请法律援助的手续非常简单。办理法律援助的工作人员登记后,简单核实即交给被告方。被告方再去找律师事务所,律师事务所看后即开始进行法律援助。"这次考察为我国后来创建法律援助制度开阔了视野,提供了可借鉴的经验。

1998 年 3 月,陈光中率专家团 11 人,包括时任最高人民法院研究室副主任张军(现最高人民法院院长),赴英国对英国刑事诉讼制度进行系统考察,历时 20 天。回国后,以中国政法大学刑事法律研究中心名义发表了《英国刑事诉讼制度的新发展》的考察报告。

2002 年 9 月 2 日至 8 日,陈光中带队对俄罗斯、瑞典和丹麦进行考察访问。在斯德哥尔摩,考察团访问了瑞典经济犯罪侦查局(东部局),该局检察长、地区检察官安德鲁斯向考察团介绍了瑞典的检察制度和证据制度。在隆德,考察团访问了隆德大学人权和人道主义学院、隆德地区法院。在哥本哈根,考察团先访问了丹麦人权中心。该中心邀请曾任职司法部、做过地区检察官、后在哥本哈根大学教授证据法的卡诺森女士同考察团进行学术交流,卡诺森向考察团介绍了丹麦的刑事诉讼制度和证据制度。之后,陈光中一行还访问了丹麦法庭技术所,与那里的技术人员进行了学术交流。

有人称北欧国家的刑事诉讼模式与盛行于英美国家的对抗制和德法诸国的审问制相比具有自己的特色,可以称为"家庭模式"。在这种诉讼模式中,审判是在家庭式的宽松气氛下进行的,无论是法官还是检察官,都是以讨论的方式进行诉讼活动。瑞典的法律界人士不认为瑞典的刑事诉讼是家庭式的,不过，他们说瑞典的法官和检察官对待被告人的态度的确相当温和。

置身隆德地区法院的时候，陈光中深深被这个法院的审判庭及氛围所感染。隆德地区法院与隆德大学毗邻，掩映在树丛之中，门面不大，楼层不高，不显山露水，像一个隐士庐。隆德地区法院院长埃尔瓦个性爽朗，他特意从外地赶回来接待陈光中一行，热情地陪着陈光中等人在法院参观，他自豪地对陈光中说："隆德法院是最好的法院！"

隆德地区法院审判庭的布局多是椭圆形的。大刑事审判庭里，控诉方与辩护方并排面向审判席坐；主审法官席背后有一扇门，是审判人员的专用通道。门两侧的墙上各有一幅抽象风格的彩色壁画，刑事审判庭中居然会张贴两大幅色彩鲜艳的壁画，多少令陈光中等人感到意外。埃尔瓦院长介绍说，那两幅画出自前任院长夫人的手笔，主要起装饰作用。如果说它们在审判过程中有什么功能的话，那就是缓解了刑事审判中容易出现的紧张气氛，营造出一种宽松的氛围。陈光中还参观了一间小刑事审判庭和一间小民事审判庭。小刑事审判庭的布局是更为明显的椭圆形，审判席、检察官席、辩护席和证人席围成一圈，让人联想到圆桌会议。小民事审判庭更为奇特，中间一张桌子，一头宽大一头略小，呈长条形，法官与双方当事人围桌而坐进行诉讼，宛如一家人坐在一起用餐或者聊天。

晚宴时，埃尔瓦院长发表了热情洋溢的致辞，他说："愿中国的更中国，瑞典的更瑞典！"这句话让陈光中回味很久。

在踏上这两个美丽的国度之前，陈光中已经了解到半个多世纪以来，北欧各国就以其鲜明的特性引起了许多国家对它们的关注。北欧国家的社会和政治制度形成了自己的模式，它们的发展为其他国家的发展提供了很多可供借鉴的经验，树立了新的榜样。在瑞典、丹麦考察的几天里，陈光中体会最深的是这两个国家有着深厚的民主传统，司法文明程度很高，犯罪率低，对犯罪嫌疑人、被告人的权利保障完备，法律界对待诸如非法证据排除等问题充满了务实精神，各种法律价值得到兼顾并平等地得到维护，司法活动呈现出尊重人的存在及其尊严的精神。

2004年11月，陈光中率团前往日本考察时，考察的重点是司法制度，特别是与刑事诉讼有关的制度。他对日本的起诉状一本主义有着浓厚的兴趣，潜心思考这一制度对庭审实质化的影响；对于日本当时新兴的裁判员法，他也饶有兴味地追寻其来龙去脉，进行了细致的分析。日本在第二次世界大战之前曾有过陪审法和陪审制度，第二次世界大战以后立足大陆法系，借鉴英美法系改造刑事诉讼制度，如诉因制度就是这种广收博采的制度成果。多年来，日本学者对本国制度多有检讨，一直呼吁建立国民参与司法的制度，以革除日本司法的积习。经过多年的学者呼吁和近年来的官方研议，日本决定借鉴美国等国国民参与司法的制度，对陪审制度加以改造，形成有日本特色的裁判员制度。陈光中感叹："日本的经验对我国的刑事诉讼法修改是有借鉴价值的，起诉一本主义和日本刑事审判方式改革都是值得研究的课题。"他认为，日本实行起诉便宜主义，检察官对于起诉与否有相当宽裕的权力，这一制度设计，对我国刑事公诉制度的调整很有参考价值。他不赞成将起诉裁量权的空间限制过窄，认为让检察机关根据案件具体情况去决定，该起诉就起诉，不该起诉就不起诉，打破司法中实行的比例限制，更符合公共利益。

除了出国考察外，陈光中还积极邀请域外学者来中国交流，研讨司法改革问题，为此组织了三次刑事法律的国际研讨会。1995年，陈光中创建中国政法大学刑事法律研究中心，为刑事法律和诉讼法律学科进行项目研究增设了科研平台。这个研究中心是他的学术"自留地"，他担任中心主任，组建了自己的研究团队，为今后的学术研究和对外交流提供了便利。该中心很快成为陈光中开展中外刑事法学合作和交流的基地，先后与加拿大刑法改革和刑事政策国际中心、德国马普刑法研究所、美国耶鲁大学法学院中国法律研究中心和英国华威大学法学院建立了合作关系。在这期间，陈光中还先后组织翻译出版了法国、德国、意大利、美国、英国、日本、加拿大、俄罗斯等国的刑事诉讼法典或诉讼规则、证据规则，为我国立法、司法部门或理论界了解外国刑事诉讼法制提供了丰富的资料。

同时，他与国际上一些知名学者建立起良好的关系，包括美国耶鲁大学的葛维宝教授、美国加州大学戴维斯分校的菲尼教授、德国慕尼黑大学法学院的 B. 许乃曼教授、日本的松尾浩也教授等，他在国际上的影响力越来越大。

许乃曼教授的年龄比陈光中要小，他从大陆法系角度强调实质真实，认为刑事案件追求实质真实是一个基本而重要的原则，这同陈光中看重的追求客观真相的理念十分契合。两人在刑事诉讼基本理念上相当接近，一起交流，畅谈对刑事诉讼制度和司法的看法，彼此都感到特别惬意。

松尾浩也是日本刑事诉讼法领域的顶级学者，在日本学术界地位很高，为人谦和。他在其编写的教材中文版序言里，专门提到他同陈光中的关系，并引用唐诗"诗酒尚堪驱使在，未须料理白头人"，表达了对他们之间友谊的珍惜之意。

对国际人权公约的研究

1998 年，中国签署《公民权利和政治权利国际公约》。按照《中华人民共和国宪法》的规定，国际公约批准权属于全国人大常委会，虽然我国签署了这一公约，但是一直没有提交全国人大常委会审议批准。1997年10月27日，我国签署《经济、社会及文化权利国际公约》，九届全国人大常委会第二十次会议于2001年2月28日予以批准，只对结社自由的条款做出保留，《经济、社会及文化权利国际公约》成为在中国发生法律效力的国际人权法。

我国签署《公民权利和政治权利国际公约》之时，《中华人民共和国刑事诉讼法》第一次修改已经在两年前完成。陈光中开始思考下一步如何推进国家法治以及进一步加强刑事诉讼的民主化、法治化。他敏锐地意识到，政府签署《公民权利和政治权利国际公约》可以成为一个纽带和平台，学术界应当借此机会加以研议并推动批准这一公约。

他立即投入精力，对这一公约在中国的适用问题进行研究。1998年，他在《中国法学》第6期上发表《联合国〈公民权利和政治权利国际公约〉与我国刑事诉讼》一文，介绍联合国《公民权利和政治权利国际公约》中贯彻的刑事诉讼国际准则，探讨《公民权利和政治权利国际公约》在我国刑事诉讼中的适用问题。在文章中，他从7个方面提出参考这一国际公约推进我国刑事诉讼制度改革的问题：加强司法独立的制度保障；认同无罪推定原则；确立有中国特色的人身保护令制度；认真推行刑事法律援助制度；赋予犯罪嫌疑人不被强迫自证其罪的权利；确立禁止双重危险原则；改革劳动教养制度。

为进一步推动这一重要的人权公约在中国得到批准和实施，陈光中决定组建一个课题组，专门研究国际人权公约，特别是《公民权利和政治权利国际公约》。他的想法是，要对这个公约逐条分析，与我国刑事诉讼制度进行逐一对照。

经过研究，陈光中得出一个乐观的结论："这个公约除少数个别条文可以做出保留外，其他都没有太大障碍。我国刑事司法制度的进步，已经向国际司法人权标准大大靠近了一步，不足之处正好可以借助公约的落实加以改进，例如我国宪法和刑事诉讼法没有规定无罪推定原则，但是1996年刑事诉讼法修改吸收了无罪推定若干因素，疑罪从无原则下的证据不足不起诉和证据不足、指控不能成立的无罪判决等都有着无罪推定原则的因素。"

陈光中带领的课题组的研究在国际人权公约相关学术研究里无疑具有代表性，也颇具司法实践价值。国际人权公约中，相当多的内容属于刑事诉讼制度的范围。对国际人权公约的研究，有一些内容超出刑事诉讼法学的研究范围，涉及宪法、国际法等领域。但刑事诉讼中的国际司法人权标准，对陈光中来说，无疑是国际人权公约研究中最有意义的部分。

1998年，陈光中和加拿大刑法改革和刑事政策国际中心主任D.普瑞方廷共同主编《联合国刑事司法准则与中国刑事法制》一书，对我国适用《公民权利和政治权利国际公约》、改革现行刑事司法制度进行了系统深入的分析，旨在为我国提升司法人权保障水平提供参考意见。

陈光中认为，早日批准这一公约，有利于强化我国宪法宣示的"国家尊重和保障人权"，提升我国政府的国际形象，也有利于促进我国刑事诉讼制度进一步完善。他盼望我国刑事司法改革借助这一公约取得进一步成效。

学术界的金字塔顶

学术界的金字塔顶，汇聚着国内最具代表性的著名学者，其间少不了陈光中的身影。

1986年，陈光中被聘为国务院第二届学位委员会法学学科评议组成员，此后又连任第三届、第四届法学学科评议组成员。那时法学学科评议组共有7个人，召集人是高铭暄。韩德培先生在世的时候，也是学科评议组成员。国务院学位委员会学科评议组是代表国内学者最高学术地位的重要组织之一，权力很大，最初博士生导师资格就是这个评议组评定的；大学和科研单位要设置"博士点"，也需要该评议组同意。

诉讼法学科最早的博士生导师是陈光中。陈光中担任法学学科评议组成员10年之后，诉讼法学科又有第二批"博士点"和博士生导师，中国人民大学和西南政法大学同时获批"博士点"；继陈光中之后，中国人民大学江伟教授（民事诉讼法方向）、程荣斌教授（刑事诉讼法方向），以及西南政法大学常怡教授（民事诉讼法方向）成为博士生导师。

西南政法大学有了博士生招生和培养资格之后，初期进行博士生答辩，博士生导师人手不足，每年都邀请陈光中和江伟参加答辩，由他们轮流担任答辩委员会主席。龙宗智、左卫民、孙长永三位著名刑事诉讼法学家都是在那个时候通过论文答辩的，龙、孙二人的毕业论文先后在学校获评优秀博士论文，并获评全国百篇优秀论文。在陈光中90岁生日的时候，西南政法大学发来长篇贺信，感谢陈光中对该校刑事诉讼法学科发展的大力支持，称"我们永远不会忘记"。

除了是国务院学位委员会法学学科评议组成员外，陈光中还是司法部《中华人民共和国律师法》修改专家顾问小组成员，参与《中华人民共和国律师法》修改，多次受邀参加以律师制度改革为主题的座谈会和研讨会。2007年10月通过的《中华人民共和国律师法》在保障律师执业权利方面有创新性的突破和发展，有的条款就吸收了他的观点和意见。

早在1986年，陈光中就撰文力倡我国借鉴外国的经验，建立刑事赔偿制度，他是我国最早提出制定国家赔偿法的学者之一。2007年，他得悉国家赔偿法要修改，带领博士生撰写文章《国家刑事赔偿制度改革若干问题探讨》，提出刑事赔偿制度的改革建议，于2008年发表在权威刊物《中国社会科学》第2期上，这篇论文为立法部门制定国家赔偿法提供了不少参考意见。

陈光中十分关心司法解释工作，积极参加这方面的会议。2003年春，中央政法委邀请他参加一个有关刑事申诉和再审的司法解释专家座谈会。会议当天，陈光中颈椎发炎，卧榻不起，不得不找了一名博士生代书意见交上去。会后，中央政法委一位领导派人来慰问他，告知其所提意见中肯实际，与会者一致赞同，并对他高度负责之精神表示敬佩。

2004年，根据《中共中央关于进一步发展繁荣哲学社会科学的意见》的精神和《教育部关于进一步发展繁荣高校哲学社会科学的若干意见》的要求，为适应高等学校哲学社会科学研究事业发展的需要，推进科研管理决策的科学化与民主化，教育部决定成立教育部社会科学委员会，作为全国高等学校哲学社会科学研究工作的高级咨询机构。

教育部社会科学委员会内部分若干部，张文显和陈光中是社会科学委员会法学学部的召集人。这样的职位，代表的是很高的学术地位，也是学界公认的领军人物的象征。对于陈光中来说，这种社会认同无疑是一种鼓励。他老当益壮，打算在有生之年，在他钟爱的法治事业中继续有所作为，创造更多的学术成果。

参加宪法修改会议

陈光中是参加过全国人大组织的宪法修改征求意见座谈会的少数法学

教授之一。在我国，修改宪法，都是先听取社会意见，再听取专家意见。李鹏任全国人大常委会委员长期间，召开宪法修改征求意见座谈会，邀请有关专家参加并发表意见，陈光中是受邀专家之一；吴邦国任全国人大常委会委员长期间，陈光中也参加了宪法修改征求意见座谈会。

早在 1999 年宪法修改时，陈光中就提出若干修改建议，其中一个建议就是增加保障人权的条款。《立法与监督——李鹏人大日记》一书中记载："中国政法大学教授陈光中认为要写入'国家尊重和保障人权'。"他的呼吁得到回应，2004 年 3 月 14 日十届全国人大二次会议通过宪法修正案，修改后的《中华人民共和国宪法》第 33 条第 3 款明确规定："国家尊重和保障人权。"

反复精研，一心为法

证据法学曾经沉滞多年，到 1996 年刑事诉讼法修改时，也没有发挥推动立法的作用。那次修改刑事诉讼法，只在证据种类规定中增加了"视听资料"，其他没有变化。1996 年刑事诉讼法修改以后，情况发生变化，证据法忽然成为学术研究的热点。

证据法学研究一下子热起来，原因在于刑事庭审方式发生了很大变化，但证据制度没有及时跟进，使证据制度与庭审方式相脱节。刑事诉讼法学者开始对各国证据开示制度展开研究，一时间研究证据开示的论文不断发表，相关的研讨会也多了起来，研究证据法的热度一下子上来了。此时，学者关于证据规则的研究积累到一定程度，也促进了证据法学在刑事诉讼法修改后的学术研究发展，证据法学一时成为大家共同勠力研究的领域。

陈光中主持的刑事法律研究中心开始组织部分国内知名专家对证据法进行专门研究。在研究过程中，业内对于证据法采取怎样的立法模式有不同意见。对于有的国家将证据法作为独立的法典加以制定，陈光中并不赞成。他认为，统一、独立的证据法不适合中国。针对有学者主张要制定一部统一、独立的证据法，陈光中分析说："中国同美国不一样，美国的证据法主要是审判阶段适用的，美国的证据法开宗明义，写清楚本法典适用于审判阶段，我们的调查取证从侦查开始，这就与美国明显不一样；另外，我们已经将证据法纳入三大诉讼法典，要搞统一的证据法，就要把诉讼法里面的证据规定抽出来，这不是得不偿失吗？"

陈光中对英美法系、大陆法系代表国家都进行过考察。他认为，我国的法律更接近大陆法系，属于成文法典模式，与英美法系判例法模式不同。大陆法系中法国的法律体例较为特别，在中国人眼里显得乱一些，德国就比较规范，大陆法系从理论到立法，数德国最为典型。就法律理论来说，德国法学既系统又深入，比较德国的法典同法国的法典，可以明显感觉到德国的法典更容易看懂，法国法典就让人有点看不明白。因此，他认为研究大陆法系，重点考察德国是更为明智、实务的选择。我国晚清法律改革"远师法德，近仿东瀛"，主要学的是日本，日本又受到德国影响。到了民国时期，中国继受日本、德国的法律，归属大陆法系。连担任过南京国民政府司法行政部顾问的美国法学家R.庞德都说过，中国沿着罗马法的道路向前发展是正确的，全面效法美国法律制度是不明智的。

陈光中对大陆法系中德国、日本等国一直将证据法同诉讼法揉在一起的立法模式表示认同，他强调："不要搞美国的证据法模式。"他分析说："我国证据法的规则在法典里太贫弱、太简单，不管有没有独立的证据法，把证据规则搞得更详细才是第一要务。"他自己按照这个思路，就充实证据法内容问题提出了立法建议。

2003年，陈光中主持的刑事法律研究中心草拟出《中华人民共和国刑事证据法专家拟制稿（条文、释义与论证）》。此拟制稿对我国证据制度和证据法实践中长期存在的突出问题，提出了中肯的解决办法和立法建议，对我国刑事证据制度的完善提供了参考。

2003年10月，十届全国人大常委会将刑事诉讼法的再修改列入该届人大常委会5年立法规划。陈光中立即响应，于2004年初组建刑事诉讼法再修改课题组，召集国内多位专家学者，开始了新一轮的法律修改研究和探讨工作。在国内调研、试点工作的基础上，陈光中力主构建刑事和解、附条件不起诉、非法证据排除等多项制度、规则，以及对一审程序、二审程序、死刑复核程序与再审程序进行正当化改造等。在他的主持下，课题组最终完成了颇有学术分量的专著《中华人民共和国刑事诉讼法再修改专家建议稿与论证》，该书在社会上产生了一定影响，引起立法、司法部门和法学界的重视。

拾

矮茶高松 细心栽培

> 一定要有扎实的基础知识，学会独立思考，要有创新精神和开拓意识。因循守旧、人云亦云，是不会功成名就的。
>
> ——陈光中

中国政法大学终身教授

2001年9月，徐显明就任中国政法大学校长。他在校长就职演讲中，宣布聘请江平、陈光中、张晋藩三位资深教授为中国政法大学的终身教授，台下掌声不断，大家反应热烈。显而易见，这一举措很受支持和拥护，既深得人心，又会让学校长期受益。

在此之前，中国政法大学对三位年届七旬的教授是否退休犹豫不决。2000年，三位教授都停止了博士研究生招生，学校打算让他们过上颐养天年的生活。时隔一年，徐显明上任，他敏锐意识到这三位教授对政法大学而言的意义，决定将三位教授聘为终身教授，三位教授很快恢复了招生。这件事成为中国政法大学校史上的一件大事，对相关学科保持在全国的领先地位有着长期影响。

受聘成为终身教授以后，陈光中表明心迹："把我国建设成一个现代化的民主法治国家，这是我年轻开始学法律时梦寐以求的理想，也是我一生治学的指针。我力图通过自己的法学学术活动，促进我国的民主更加发展，法制更加健全，人权更有保障。经过反右派斗争和'文化大革命'，我更深切地感到中国要繁荣富强，必须加强民主法制建设，走依法治国之路，在维护人权方面下大力气。这种历史的使命感推动着我、鞭策着我不断地为改革开放、民主法制作不懈的努力。"

培养研究生"十六字诀"

当研究生院领导以后，陈光中就不再给本科生讲课，而是将全部精力投注在研究生的培养上。取得博士研究生导师资格后，他主要培养博士研究生，很少给硕士研究生上课。原因之一是中国政法大学师资力量雄厚，教师人数众多，刑事诉讼法学专业的硕士研究生导师已然不少，招生名额又有限，不如把名额让给他们，自己则专心培养博士研究生。还有一个原因，是他担任研究生院领导和校领导期间行政工作繁忙，难以兼顾，只好有所取舍。

学校规定博士研究生导师不能多招学生，以保证博士研究生的培养质量。一般博士研究生导师每年只招一名博士研究生，终身教授每人每年有两个招生名额，特殊情况下还可增加招生人数。迄今为止，陈光中每年招收两三名博士研究生，他培养的博士研究生中，实际获得博士学位的有110余人。

陈光中培养博士生，有几句自己总结的经验，他称之为"十六字诀"，即"博而后精，贵在创新，学以致用，文以载道"。

他要求学生多看多读，有了"博"，在本专业领域才能够做到学问精深。他不主张学生从一开始就专精于某一个点，如果这样，就做不到知识广博。

此外，他要求学生多写论文。告诫学生不要将学术文章写得不明不白的，要先有道理和主张，有了明确的想法后，再去落笔，将自己创新的思想观点呈现出来，不能为了写论文而写论文，文章一定要讲究思想性。

他主张学以致用、文以载道。刑事诉讼法学实务性很强，他告诉自己的学生："写论文时，你一定要有一个道理想去表达，要向别人传递自己的想法，写作前一定要思考清楚写出的东西要提出什么问题，解决什么问题，对实际工作能不能起推动作用。无论是间接推动，还是直接推动，都要有价值，不能白费功夫。"有的学生写的文章让人读了如雾里看花，有的喜欢用大词生词，语言晦涩，他并不喜欢这种文风，他有着传统读书人经国济世的想法，认为写文章不是玩文字游戏，目的性一定要明确。

他概括的"十六字诀"，教学生怎样做学问，不是一时之想，而是源自他自己多年来学术人生的体会。

带学生做课题，是陈光中培养学生的一贯办法。他的弟子汪海燕在回忆自己的求学经历时说道：

先生治学严谨。读博士期间，先生经常让我参与一些他主持的课题，有时还会让我和他合作写一些文章。记得刚开始时，一篇文章没有六七次修改很难定稿。除了文章思想、逻辑结构之外，对一些细节，包括对每一个注释的核对，他都一丝不苟，认真修改。先生的治学态度是异常认真的，这对我影响很大。

陈光中发表的论文，有的是与学生合作完成的。虽说是合作，但实际上每次都是他将自己的学术观点和文章框架原原本本告诉学生，由学生负责起草成文，他会从头到尾加以修改。他每次都改得很细致，经常把学生草拟的稿子改成"花脸"稿。这样写成的论文，思想观点是他的，语言风格也是他的。所以，陈光中与别人合作的论文，是真正意义上的"合作"。他的弟子熊秋红曾提到这一特点：

先生特别注重培养学生的动手能力，让学生在独立完成任务的过程中获得提高。比如编写刑事诉讼法实施的著作，他会先让学生起草，然后再审订修改、提升质量。但是先生绝对不会在学生起草后就直接用，他只是让学生做了前期的工作，后面他肯定会再修改审订，而且会改得特别细。我能感觉到由我起草的初稿和先生修改后定稿的差距，从中知道我哪里存在不足。

从这样的合作中，熊秋红受益良多，她的体会是：

先生带着学生发文章，提携学生，这对学生帮助很大。刚刚踏上学术研究道路的时候，学生的资源是不足的，只能在普通刊物上发表一两篇文章。但是先生常常和学生合作发表论文，我就被带着发了两次。1996年刑事诉讼法修改过程中，先生带着我在《中国法学》上发表了《刑事诉讼法修改刍议（上）》《刑事诉讼法修改刍议（下）》两篇文章。先生会先找我谈大概的思路，然后我去收集材料、起草初稿。初稿完成后，先生会特别仔细地修改，修改完成后先生会以他和我的共同名义发表。我还和先生一起合作写了《中国刑事司法制度改革之展望》。写完后，先生找人翻译成法语，发表在法国的《刑事法律与犯罪比较研究》上。《中国法学》和《刑事法律与犯罪比较研究》这两本期刊是非常著名的期刊，对我后面工作帮助很大。还有，先生常常带学生参加年会、外出调研。学生在这个过程中得以有机会观察先生怎么发言、怎么提问，会迅速地获得能力的提升。

陈光中关心、爱护学生，但不偏袒学生，也不溺爱学生，对在校生如此，对毕业生也是如此。陈光中经常受邀参与各种评审，都能持平公允，不会因参评者是自己的学生或者关系亲近之人而有所偏袒。他不会为自己的学生争取他不应得的利益，他有他的眼光，也有他的品位。在他眼里，名副其实，各得其所，才称得上公平。有个别学生会不解，私下抱怨他的这一做法，甚至产生心结，觉得他不提携自己的弟子，但他们哪里知道，作为影响力很大的学者，陈光中教授践行自己一直倡导的实体与程序正义并重，是出于一片公心呢？

多读有用之书

对于读书，陈光中经常对学生说："除了本专业的书之外，其他经典书籍，特别是世界经典作品，也要读一读。"他指出，法理著作，如 C.-L. de 孟德斯鸠的《论法的精神》、J.-J. 卢梭的《社会契约论》、J. 罗尔斯的《正义论》等都要读。刑事法方面的经典著作，他经常向学生推荐的是贝卡里亚的《论犯罪与刑罚》。他说："这本书，我是反复推荐的，虽只是薄薄的一本书，却提出了刑事法领域一些重要原则，有着丰富的法律思想，如无罪推定思想。这本书还提出了废除死刑的主张，确实非常伟大。"

他经常和学生谈自己的读书体会，建议他们认真读一读我国古代儒家经典著作，如《大学》《中庸》《论语》。他认为，刑事诉讼的历史很悠久，我国历史上存在过的司法制度与诉讼案件能够为现在的司法提供启示，古代先贤的许多精辟见解，对解释和改革现在的制度和文化有着醍醐灌顶的作用。年轻学者不能患上"窄视症"，眼中只有现行的刑事诉讼制度，忽视本土历史资料中宝贵的法律资源；也不能选择性目盲，眼中只有域外的先进制度与理论，忽视本土曾经有过的、至今仍然有着生命力的制度与学说。

当代的学术著作很多，自然是开卷有益。年轻的时候，陈光中花了相当多的时间去研读冯友兰的《中国哲学史》。近些年，他自己读了觉得很受启发而且认为写得比较好的，是 M. R. 达马斯卡所著的《漂移的证据法》。达马斯卡出生、成长于南斯拉夫，系统学过大陆法系的法律体系与法学知识，后来执教于美国耶鲁大学法学院，对于英美法系的司法制度和证据制度也有很多思考，其学术观点颇具启发性。达马斯卡对于两大法系都有深刻的把握，他的著作深入分析了两大法系刑事司法程序和证据法的基本特点以及各自的优势所在，见解非常深刻。《漂移的证据法》是达马斯卡的一本演讲集，篇幅不太长。这本书带给陈光中很多思考，他愿意与自己的学生分享，希望大家多一点思考。

陈光中教导学生，坊间的书，汗牛充栋，人的时间与精力有限，有的书浏览一下就可以了，有的书要精读，要像牛反刍一样反复咀嚼。读书要通读与精读相结合，这是许多人都知道的经验之谈，他指出，这道理不但需要知道，也需要做到。

最重要的，是写好博士论文

博士研究生在校期间，最重要的事就是毕业论文。作为导师，指导学生写好博士论文，把好毕业论文关，是第一要务。

陈光中不赞成很多学校要求博士研究生在校期间发表两篇C刊论文的硬性规定。如今论文指标问题在高校比较突出，许多学校学生毕业需要具备的条件是发表特定数量的论文。要知道，现在的博士论文不管写得好与坏，要写出来，难度不算大，但学生要想在C刊上发表论文确实不容易。许多法学期刊都不愿意发博士研究生的论文，于是在论文发表指标的压力下，有的学生发表不了论文，急得要命，恳求导师想办法，导师成了学生的"学术保姆"，也很无奈。在有关教学与学位的会议上，很多博士研究生导师纷纷主张取消博士研究生发表论文的指标要求。2023年，中国政法大学终于不再坚持博士研究生毕业前必须发表C刊论文的指标要求。陈光中感叹，虽然有些学校已经明确提出取消以上指标，但终究是雷声大、雨点小；其他学校处于观望状态，均未落实。这涉及研究生培养的体制问题，不是一所高校就能够扭转乾坤的。

在他看来，博士研究生并不需要上课，导师要做的是要指导其认真读一些书籍和论文，培养的重点和中心环节是指导其写好博士论文。陈光中对于博士论文，一直高度重视，从选题到写作，直到完成的论文是否达到博士论文的要求，他都花费不少精力进行指导和把关。汪海燕回忆自己写博士论文的经历时说：

我还记得当时就博士论文选题跟先生讨论了不下5次。我以刑事诉讼模式的演进作为博士论文的选题，也是受先生的影响，因为他对历史比较感兴趣，喜欢求真、求源，想要找到源头在哪个地方。确定博士论文题目之后，我们又对论文提纲进行了多次讨论，后来我改过几次，得到先生的认可后才开始正式动笔写博士论文。我的博士论文成稿是40多万字，先生指导得非常认真、细致。

陈光中对学术十分敬重，他对自己的论文质量毫不放松，希望学生也是如此。他总结自己培养研究生的经验时说："博士论文一定要保证质量，要认真看，严格把关，不能随便就通过了。"他门下的学生，并不是一个模子出来的：有的学生写作能力强，论文水准有保障，可以省去他不少心力；有的写得粗陋，这就得花费他很多精力。

他看学生的毕业论文，特别仔细，不但注意其学术观点、论证逻辑以及资料运用，而且还开起"文章病院"，替学生改正语法错误、修改错别字。看过论文后，他会给学生提出进一步修改意见，要求反复修改务求达标。有的学生博士论文初稿完成了，大体上也达到要求了，只是还不够理想，陈光中就对学生说："你最好以高质量来要求自己，在现有基础上抓紧时间突击一下，这样你的论文还会有提高。"接下来，他还会同学生一起商量确定修改内容。有的论文经过最后的突击修改，水准的确有了明显提升，被答辩组评定为优秀论文。

陈光中培养的博士研究生，通常都能按期毕业，也有个别不能如期毕业的，原因出在论文质量不能顺利过他这一关。他带的博士研究生中，4年毕业的并不少，有的甚至6年才完成论文，取得学位。陈光中指导博士论文时，有个别学生的论文初稿让他感觉思路完全不对；有的论文初稿，他看到一半就提出来："你这篇博士论文还要做重大修改。"一向措辞温和的他，用这样的话表达，已经是很严厉的批评了。

对于写好文章，陈光中深得此中三昧，他说："写文章不要怕改，自己觉得写得差不多了，还是需要改。文科论文同数学不一样，解数学题，灵感来了，正确答案就出来了，而文科论文不仅要有思想，而且要思考如何表达得更好，写了初稿之后必须要修改，经过修改甚至反复修改之后，论文才能达到高质量的要求。在一定意义上说，文章不是写出来的，文章是改出来的。"

陈光中认为，博士论文之所以重要，是因为它具有代表性，很多知名法学家一生发表过的论著，有代表性的就是博士论文。有的学者因博士论文一举成名，后来再也没有写出比博士论文更有水平的著作。陈光中经常对学生说："博士论文如果写不好，你这一生很难说能写出更好的文章。第一，写博士论文，作为学生是全力以赴的，时间上是有保证的，等到工作以后，一边工作一边写论文，没有那么多时间。第二，在有导师指导把关和答辩压力的情况下，要是还写不出好文章，这一生还能写出更好的文章吗？"他告诫学生，博士论文是检验一个人学术水平以及写作能力最重要的标志。他不厌其烦地跟学生讲这些道理，只有一个想法，让他们高度重视博士论文写作这个问题，把毕业论文写好。

博士研究生发表论文和找工作，在时间上是重叠的。越到写博士论文的关键时刻，很多学生越是需要抽出时间去找工作，以及应付各种入职考试。有学生公开说："宁可博士论文凑合，工作也要找好。"对于学生的这一心理，陈光中一清二楚。他认为要保证论文质量，只有一个办法，提前督促学生写博士论文，告诉他们："赶早不赶晚，到了最后就写不出好的东西了。"

近些年来，社会上对高校博士研究生培养质量常有质疑，教育界也有尖锐的批评声音。质疑多了，教育行政部门也意识到这一问题，开始抽查高校的论文质量，特别是检查博士论文的质量是否过关。中国政法大学也在自行抽查，确实发现了一些论文存在质量问题。有些论文即使算不上不合格，也有明显瑕疵，学校还专门通报这一情况并点了这种"带病"论文的指导教师的名字，令大家对论文质量都更加重视起来。

论文抽查是随机的，陈光中指导的博士论文也有被抽查过，抽查结果都符合要求。对于论文质量的检查，他充满自信，凡是经过他手眼的毕业论文，他都负责任地指导过、审查过，只有认为达到合格标准的，他才会签字。他说："教育部检查出来的那些问题，是导师随便看一看都能发现的，学生自己很马虎，导师不认真，不把关就签字了。说实话，我是不敢随便签字的。"

因材施教

有两类学生明显不同：一类是硕士毕业直接读博士的，这类学生的共同点是，考试成绩比较好，社会阅历比较少，对实际工作不了解，对于所学知识的实践应用价值缺乏体验；另一类是在职攻读博士的，这类学生已经在本职工作中积累了一定的司法经验，又有一定的社会阅历，带着问题来读书，知道哪一味药对解决自己的问题有效，他们很珍视自己重新读书的机会，但是研究学术问题的时间不足，文字表达水平也往往乏善可陈。

陈光中指导学生，特别注重根据学生的特点确定其博士论文选题。学生思辨能力强的，就会建议他选择偏理论的题目；不太擅长抽象思维的，就让他选择司法实务类题目，做到扬长避短，各有所宜。例如，宋英辉在本科阶段是学哲学的，在他的建议下，宋英辉确定的论文题目是《刑事诉讼目的论》；李忠诚来自司法实务部门，在他的建议下，李忠诚确定的论文题目是《刑事强制措施制度研究》。

陈光中指导的应届生基本都能按时毕业，在职的有拖拖拉拉不能如期毕业的情况，有几名学生甚至延宕几年，一直未能毕业。作为导师，陈光中也不好过多催促，他的重点在于保证论文质量，不能降低标准。

陈光中培养学生的体会是，实务部门的人写论文，要结合实务工作来写，不要写纯理论的，这样把握性大一些。他的一名学生是法院院长，读博期间很努力，但在写论文的时候遇到了困难。他开始选了一个题目，列出提纲，发给陈光中审阅。陈光中看后直接否决了，他说："这个提纲不行，你是实务部门的人，理论性比较强的，不是你擅长的，你是中级人民法院的院长，你在干什么，你就写什么，不要舍近求远。"陈光中要求这名学生改题目，还把实务人员中写得比较好的论文拿给他参考。其中一篇是一名省级法院的法官写的，探讨审判委员会制度中的司法实务问题，文中很多数据都来自实务部门，理论性不强，但是内容很实在，充分运用了实务部门人员便于取得实证资料的优势。这名学生看了之后，很受启发，将论文改为有关审判程序研究的选题，经过一番努力，论文答辩获得通过，心愿得偿，陈光中也大为欣慰。

指导实务部门的学生，陈光中遇到过种种难题，虽然经过努力，最终都逾越了障碍，但牵扯的精力太多，因此，陈光中后来轻易不招收在职的学生了。按他的说法，从实务部门招生的做法值得斟酌，有待改革。

鼓励学生出国学习

陈光中的应届弟子跟随他学习，在校期间大多有出国经历。学生出国之后，外语听说能力都有明显提升，发现了国外更多的专业资料，大大开阔了视野；同时，收集了不少研究资料，为撰写博士论文打下了很好的基础。

肖沛权的论文选题与排除合理怀疑相关。在美国期间，他挖掘、消化有关资料，收集到很多国内没有的资料，这为他论文的创新奠定了基础。

肖沛权阐述的排除合理怀疑,在中文资料中找不到该证明标准真正的起源信息。在美国,他从收集到的第一手英文资料中查清了来源。他在博士论文中系统叙述了排除合理怀疑起源于英国、后在美国得到发展的过程,这成为该论文的亮点之一。这篇论文答辩时被评为优秀论文,毕业后以小册子的形式出版,产生了一定的学术影响力。

郑曦的选题贴近司法实务,研究的是讯问犯罪嫌疑人的制度。美国讯问犯罪嫌疑人的制度可称完善,其中律师在场制度是我国刑事诉讼制度中所没有的。郑曦在美国收集了很多这方面的资料,还跟着警察实习,旁观讯问犯罪嫌疑人,获得不少直接经验,丰富了博士论文的内容。

李章仙打算以司法真相为博士论文选题,得到陈光中的鼓励。李章仙擅长英语,也懂一点德语,对于去美国研究司法真相,她预感到可能受益不大,就决定去德国取经。陈光中支持和鼓励她的这一想法。他认为,德国坚持实质真实发现原则,对真相十分重视,应该作为研究对象进行深入分析。李章仙在德国学习了一年,回国以后赶写论文,她借助在德国搜集的大量关于实质真实、查明事实真相问题的资料,撰写出《司法真相论》。这篇论文经过陈光中的指导,顺利通过答辩,获评优秀博士论文。

"你可以有自己的不同见解"

学术研究,各有主张,皆属正常。学生可能支持导师的观点,也可能与导师的观点相左。学生在导师的指导下,形成自己独到的见解,自成体系,卓然成家,是让导师引以为豪的事。

陈光中自己在刑事诉讼法学一些重大学术问题上都有明确的主张,他很重视自己学术观点的传播。在指导学生的过程中,他阐述自己的学术观点，当然也希望学生支持他的主张，但从不强求他们必须依从自己的观点，亦步亦趋。对于学生提出不同于自己的见解，他持宽容态度。他认为，不同学术观点的争鸣应该坚持"真理面前人人平等"的态度。我国现在的研究生培养体制，本来就不是按照学派来招生的，不是根据学生是否认同导师的观点决定取舍——观点相同才收，观点不同就拒之门外，这是不可行的。在录取以后的教学中，导师没有权力压制学生的不同见解。

陈光中认为，不管谁的观点，都要经受住时间的检验，一个学者自己认为正确才会坚持某些观点，但并不代表这些观点必然是正确的，因此，容许学生有自己的主张，才能培养出有创造力的学者。他告诉学生："你不必亦步亦趋，遵从我的观点，你可以有自己的不同见解，只要能够自圆其说就可以。"这番话，对学生独自进行学术探索是一种鼓舞。

陈光中期望年轻学者不断创新，他告诫自己的弟子："我们的社会是在竞争中进步的，有创新才有发展。哪怕在创新的过程中有一些考虑不周的地方，甚至有些是事后被证明是不正确的，注意修正就是了，但应当将创新和科学性结合起来，这样才会取得更大进步。"

设立基金会，勉励人才

为了奖励优秀的硕士生、博士生，陈光中在学生亲友的支持下，于2002年成立了"陈光中诉讼法学奖学金基金会"。基金会面向全国，对学业优秀、科研突出的硕士生、博士生予以奖励，以进一步促进诉讼法学青年学子的成长。

刚设立奖学金时，陈光中自己拿出10万元，陈门弟子也纷纷出资赞助，很快形成规模。那时，总的奖学基金不到200万元，只能两年评一次，每次奖励5人。随着陈光中诉讼法学奖学基金的影响逐步扩大，得到的赞助也多起来，该奖学金就改为一年评一次。陈光中90岁华诞之际，一个企业集团一次性捐赠500万元，他自己出资100万元，实力大增。

陈光中希望多培养一些年轻的诉讼法人才，促进年轻学者尽快成长。他主持的诉讼法学研究会也设有奖金，在各个研究会中，诉讼法学研究会是第一个设立奖金的研究会。陈光中欣慰地看到，现在诉讼法学界已经涌现出一批年轻有为的学者，有的学者教学科研能力令人刮目相看，有的在读博士生也已经崭露头角。

2015年10月，陈光中也在家乡浙江省永嘉县成立了"陈光中教育基金会"，以促进基层中小学教育事业的发展，以此报效家乡的哺育之恩。

2022年，在"陈光中教授执教理念与实践研讨会暨陈光中教授执教70周年座谈会"上，陈光中个人分别向"陈光中诉讼法学奖学基金会"和"陈光中教育基金会"捐赠500万元和300万元。

拾壹

辩冤白谤

玉振金声

从一些国家的经验来看，应容许、支持社会上类似洗冤的组织，让它发挥更大的作用，同时也应发挥新闻媒体、相关社会人士的作用，学者也应尽到自己鼓与呼的职责。

——陈光中

冤案是司法的恶瘤，是最严重的司法不公，也是对人权的最大侵害。对冤错案件，陈光中给予密切关注。无论理论研究，还是实务参与，他都尽自己的努力，介入防错与纠错之中。

2014年，陈光中与他的弟子于增尊合写了一篇探讨冤案的文章《严防冤案若干问题思考》，发表在《法学家》第1期，系统分析了冤案的定义、成因、后果以及防止冤案的措施，提出了相应的司法改革建议，对于冤案涉及的几个主要层面进行了全面论述。文章指出，冤案多错在事实认定上，需要采取多项措施严防冤案的发生。陈光中指出："冤案，特别是判处死刑的冤案，一方面是对无辜者权利的残酷侵犯，另一方面放纵了真正的罪犯，而且对司法公信力造成巨大的伤害。从理想的角度来说，我们希望一起冤案都不要发生，但处在现实的世界中，冤案又难以避免。古今中外，没有哪个国家、哪个历史时期从未发生过冤案，只是有数量上的区别。一般而言，制度越民主、科学、法治，冤案就越少；反之，冤案就越多。冤案发生的多少与诉讼程序保障直接相关，但程序再完善，也难以完全避免发生冤案。"他认为"承认冤案的客观存在，并不意味着可以用时下学术界流行的所谓'可错性''难免论'作为借口来推脱办案者的责任，而不主动严防错案的发生。相反，我们的任务是要通过制度的完善、办案人员素质的提高和观念的转变等举措，千方百计地防止冤案错案的发生。"

他痛感再审之难，指出："客观上很难平反，社会舆论对刑事案件再审的关注度高，如果案件再审后没有平反，法院就骑虎难下，因而在实际操作时，法院要么决定再审后就平反，要么就压着不决定再审。而且，平反的往往是社会影响性较大的案件。"

陈光中不仅对错案原因与对策进行理论探讨，对于一些实际发生的冤错案件，也予以极大的关注。当他确信案件确有冤情，就果断公开表达，推动平冤。他为重大冤案或者疑案的再审做出了很多努力，这类有影响的案件有聂树斌案和张志超案等。

聂树斌案存在五大疑点

1994年8月10日上午，康某父亲向公安机关报案，称其女儿失联。不久，康某尸体被发现，尸体已经腐烂，惨不忍睹。当地公安机关展开侦查，认定聂树斌有强奸杀人重大嫌疑。10月9日，聂树斌被逮捕。该案经过进一步侦查，侦查终结后移送审查起诉。1995年3月3日，石家庄市人民检察院提起公诉。3月15日，石家庄中级人民法院以故意杀人罪判处聂树斌死刑，以强奸妇女罪判处聂树斌死刑，决定执行死刑。聂树斌不服一审判决，提出上诉。他在上诉状中并未否认犯罪，只是宣称系初偶犯，希望予以宽大处理。4月25日，河北省高级人民法院做出终审判决，核准聂树斌死刑。

聂树斌被执行死刑多年后，2005年1月18日，河南省警方抓获河北省公安厅网上通缉的犯罪嫌疑人王书金。王书金供述其多次强奸杀人，其中一起案件正是康某案，他供称奸杀了康某。

此案经多家媒体报道，立即舆论大哗。

聂树斌案的奇特之处，是"一案两凶"。聂树斌因被指控强奸杀人，法院经审理裁判定谳，将其交付执行死刑；多年后王书金因其他犯罪在河南落网，主动供认是康某案的真凶。2007年4月，王书金因多起严重犯罪被起诉。他以康某奸杀案未被起诉为理由之一，向河北省高级人民法院提出上诉。王书金坚称自己犯有这起强奸杀人案件，检察机关却否认那起案件是他所为，这形成又一奇特之处：在这起争议案件中，公诉人仿佛辩护人，辩护人和被告人倒成了公诉人。

王书金自供强奸杀害康某，在河北省政法系统投下震撼弹。河北省委政法委惊愕之余，很快对外宣布对聂树斌案进行复查，要用一个月时间给公众一个交代。一个月内，河北政法机关复查认为王书金的口供与真相不符合，聂树斌是真凶的判定没有错误，得出原案裁判没有错误的结论，但这一复查结论并未向社会公开。

公众对于此案的质疑声时起时伏，争论不断。由于各方舆论压力，最高人民法院决定将案件移交山东省高级人民法院处理。2015年4月28日，山东省高级人民法院召开听证会，就此案展开公开调查。不久，聂树斌案的申诉代理律师在北京召开座谈会，邀请陈光中参加，希望他谈谈对该案的看法。座谈会上，陈光中提出聂树斌案存在五大疑点，主张此案应该立案再审：

其一，存在刑讯逼供的重大可能性

聂树斌被拘禁后几天内的讯问笔录不翼而飞，内幕如何？这是本案关键问题之一。因为聂树斌被拘禁后，公安办案人员不可能不讯问，当时的《刑事诉讼法》规定，拘留后24小时内必须讯问被拘留人。而且事关命案，在正常情况下，必然会连续突击讯问。据办案人员说聂树斌为口吃，需多次讯问，才能完成案件全过程的讯问任务。因此，前面几天讯问笔录失踪极不正常。前几天讯问笔录失踪是查明聂树斌案的重要突破口，决不能以原办案方说一句"没有发现刑讯逼供"就不了了之。何况申诉律师找到曾与聂树斌关押在一起的纪某，他转述了聂树斌亲口对其说的被残酷刑讯的具体情节。讯问笔录缺失和纪某证言表明聂树斌很可能受到了刑讯逼供。要查清这个问题，必然会遇到重大阻力，那就看司法机关及有关领导的决心了。而且河北原办案方有责任讲清这个关键问题，否则山东省高级人民法院就应当做出有利于聂树斌的处理。

其二，花衬衫的重大疑点并未合理排除

一是花衬衫来源不明，聂树斌口供虽多次说从三轮车上拿的，但也有几次说是从破烂堆中拣的，聂树斌的口供离案发时间很近，怎么会发生明显差别。至于三轮车主梁某则说根本记不清三轮车上是否有花衬衫。二是由于被害人尸体腐烂，其颈部留痕已消失，现场勘验笔录只是说"窒息死亡"，而无法鉴别是用手掐死或者是用花衬衫勒死的。三是花衬衫作为物证应尽量保留原貌，即便需要清洗辨认，也应当在清洗辨认时有见证人，否则谁能证明所辨认的是原物呢？

其三，被害人尸体是否有骨折的问题没有真正查清

据现场勘验笔录，康某尸体没有骨折迹象；而申诉代理律师将尸体照片给著名的法医专家（庄洪胜和胡志强）鉴别，他们联合出具意见书，认定有3根肋骨缺失。由于法医对被害人尸体未做解剖，只从腹背表面观察，难以准确认定是否有骨折，这是聂树斌和王书金口供的一个关键分

歧。但是据申诉律师说，被害人尸体不是火化而是土葬，则按法医常识，如果开棺验尸，是否骨折，可望一锤定音，真相大白。

其四，为什么不提取被害人阴道精子

法医学常识告诉我们，发现女尸，法医验尸，必定要考虑是否是强奸杀人，必须在女尸阴道内提取液体，检验是否有精子。发现康某的尸体，离康某死亡仅一周，虽然在高温天气，尸体已腐烂，但精子仍会保留，应当提取作为生物样本。遗憾的是，现场法医没有这样做。即便在聂树斌供述之后再解剖尸体，仍然存在在阴道提取精子进行鉴定的可能性。但是这些机会都被公安法医人员放弃了。现在能证明聂树斌犯强奸罪的只有聂树斌本人的口供，而没有其他任何实物证据可以印证。如此单薄的证据能证实聂树斌犯有强奸罪吗？聂树斌案强奸是因，杀人是果，因果相连，互相依存，因之不在，果何能存？

其五，书记员假签名问题

经笔迹鉴定，已经证实，有6份重要的诉讼文书是办案人员（书记员）代聂树斌签名的，指印是聂树斌本人的。代签的"理由"是防止聂树斌在签名时用钢笔刺人或自残，实在难以令人认可。进而追问一下，聂树斌的真手印是怎样捺上去的？真叫人不敢想下去。办案有时于细节上显真相。聂树斌案在办案程序上的漏洞实在太多，作假也罢，草率也罢，都让严肃的司法形象黯然失色，通过这样的程序认定的事实确实较难符合客观真相！

在简要分析了五大疑点之后，陈光中进一步表达了两点看法：

第一，聂树斌案现有材料和疑点已符合立案再审的条件。聂树斌案发生和处罚于20年前，其办案程序是否违法应当以当时的法律为准绳，但是聂树斌案是否提起再审（审判监督程序），应当适用2012年修改的《中华人民共和国刑事诉讼法》。综合聂树斌案情况来看，对聂树斌定罪的证据，是以聂树斌的口供为主线，一定的实物证据和证言配合印证而形成的证据证明体系。而此案现有的五大疑点（此处尚未包括申辩律师强调现场发现被害人钥匙的新证据）已经撕裂了原裁判"证据确实、充分"的证据证明体系，因此完全符合提起再审的条件。

第二，应当在聂树斌案重新审理中坚决贯彻疑罪从无原则。根据该原则，聂树斌案与王书金案最后的处理有三个可能性（只从强奸杀害康某案来看）：一是王书金是真凶，聂树斌无罪；二是聂树斌是真凶，王书金不是；三是根据疑罪从无原则，聂树斌与王书金都不能被认定为真凶。第三种可能表面上看来或许难以理解，甚至部分社会公众也难以认同，但这正是用法治思维、现代司法方式来审判案件的一种选择。无论是哪一种可能性，都必须立足证据，做到于法有据，实现公开、公平、公正。坦诚地说，这个案件进一步如何处理，是否提起再审，以及再审的结果如何，万众关注，社会热期，对山东省高级人民法院以及相关司法领导部门来说，既是一个严峻的挑战，也是一个重振司法权威、提高司法公信力的难得的机遇。

这是权威学者对这起疑似冤案发出的最强音，引起了很大反响，也鼓舞了聂树斌案的申诉代理律师再接再厉，继续申诉。

陈光中将该案存在五大疑点的观点公开以后，继续关注这一案件，对于聂树斌是不是真凶，有些事实认定涉及法医专业知识，需要向法医学专家求证。于是他通过中国政法大学吴宏耀教授联系到天津市公安局原主任法医师宋忆光，请他到北京来，打算当面向他咨询。

这位退休法医经手过近万起案件，经验丰富，他的意见很有参考价值。陈光中先将要咨询的法医学问题列出来传真给他,并约好时间与他会面。会面时,陈光中向宋忆光详细询问了他所关切的法医学问题。

陈光中:请以1994年当时的条件为前提,讲一讲这个案件中法医方面存在的问题。

宋忆光:我对这个案子大体有以下三种感觉:第一,原办案法医经验不足。对于裸体,以及下身呈八字形态的尸体,不能机械地认定为强奸杀人。同时,亦不能看到颈部有索物就认定为窒息死亡。应当通过检验来确认。第二,工作不细。即便是尸体腐烂,加之天气环境的影响,对于强奸案件现场,一定要在尸体的周围仔细寻找物证,否则一定会出纰漏。我们的经验是,经验不足细上凑,即通过全面的、细致的检查来弥补。新中国成立后就对法医工作程序有要求。1979年,卫生部第1329号文件规定:尸体解剖分为三种,普通解剖、病理解剖、法医解剖。其中法医解剖是这样叙述的:法医解剖限于人民法院、人民检察院、公安局以及医学院校附设的法医科室施行。凡符合下列条件之一者应进行法医解剖:涉及刑事案件,必须经过尸体解剖始能判明死因的尸体和无名尸体需查明死因及性质者;急死或突然死亡,有他杀及自杀嫌疑者;因工、农业中毒或烈性传染病死亡涉及法律问题的尸体。由此可见,对于涉及刑事案件,必须经过尸体解剖始能判明死因的规定并没有得到执行和落实。这类案件需要法医解决的基本问题有死亡时间、死亡原因、死亡性质。而解决这些问题必须解剖尸体并提取相关物证才能得到答案。不管怎么去做,至少死因调查必须要排除毒物的,这个就必须要进行尸体解剖;骨骼检查,无论是头部、四肢、肋骨也都是有要求的。而当时的法医都没有按照最基本的要求去做,而且现场检查工作也没有穷尽。第三,主观臆断太多。尸体腐烂了,看一下表面，就不去解剖了；尸体腐烂了，就认为阴道提取物没有检验的价值；颈部有衣物就认为是窒息死亡；下雨了，现场被破坏了，就认为没有意义了；根据尸体姿势就认为是强奸杀人……臆断太多！

几个小时后，陈光中让助手把两人的谈话记录整理成《聂树斌案法医问题咨询交流会内容纪要》，由那位法医亲自核实定稿。鉴于这份法医问题咨询材料很有价值，陈光中决定将其报送给最高人民法院。

这份材料转到最高人民法院后，最高人民法院很重视，不久就决定启动审判监督程序，由第二巡回法庭对此案进行再审。第二巡回法庭庭长胡云腾担任审判长，在最后开庭时，胡云腾邀请陈光中等专家参与旁听在沈阳第二巡回法庭举行的庭审，再审结果是，以证据不足为由改判聂树斌无罪。判决书认定：

综观全案，本案缺乏能够锁定聂树斌作案的客观证据，聂树斌作案时间不能确认，作案工具花上衣的来源不能确认，被害人死亡时间和死亡原因不能确认；聂树斌被抓获之后前5天讯问笔录缺失，案发之后前50天内多名重要证人询问笔录缺失，重要原始书证考勤表缺失；聂树斌有罪供述的真实性、合法性存疑，有罪供述与在卷其他证据供证一致的真实性、可靠性存疑，本案是否另有他人作案存疑；原判据以定案的证据没有形成完整锁链，没有达到证据确实、充分的法定证明标准，也没有达到基本事实清楚、基本证据确凿的定罪要求。原审认定聂树斌犯故意杀人罪、强奸妇女罪的事实不清、证据不足。

聂树斌案再审改判无罪几年后，作为该案审判长的胡云腾在陈光中

90华诞祝寿文章中提到，他看了陈光中提供的法医材料，获得了启发，增强了改判该案的信心。

聂树斌案是中国司法制度史上典型的冤案，这起案件的改判是多方力量推动的结果，聂树斌的母亲、律师、社会民众、媒体等都起到了推动作用，陈光中的参与也是一个重要的助力。这个案件改判无罪后，最高人民法院制作了一部以公正司法为主题的宣传片，请陈光中发表个人意见，陈光中谈了纠正冤错案件对于司法与社会的意义，并对聂树斌案再审改判无罪给予了肯定。

张志超案"显然是个冤案"

2005年1月10日，山东省临沭县第二中学的一名女生失踪。一个月后，她的尸体在该校教学楼一间男厕里被人发现，经确认她是被人强奸后杀害的。有人提供了一个线索：高一学生张志超和另一名同学在案发现场附近出现过。公安机关按照这个线索，认定张志超有重大犯罪嫌疑，将其拘捕。该案经侦查后移送审查起诉。人民检察院经过审查，也认定张志超是真凶，向法院提起公诉。张志超尚未成年，依法不适用死刑，2006年临沂市中级人民法院以强奸罪判处其无期徒刑。张志超没有上诉，判决生效，被投入监狱服刑。

2011年，张志超已经在狱中服刑5年。一天，他的母亲探监，张志超突然对她说他没有杀人，他是冤枉的，他要母亲替他申冤。他的母亲听了震惊不已，立即着手进行申诉。

申诉不像想象的那般顺利。2012年11月12日，山东省高级人民法院驳回申诉，理由是没有证据证明张志超在公安机关所做的有罪供述系刑讯逼供所得，张志超归案后多次有罪供述均有签名、摁手印，在诉讼过程中张志超的各项诉讼权利得到了充分保障，不符合再审条件。山东省高级人民法院的驳回通知书上还提到，张志超作有罪供述时所述情节，属于隐秘情节，非本人作案不可能知晓，其有罪供述与本案其他证据相互印证，应当作为定案的依据。

法院如此认定，检察机关的判断也差不多。2014年山东省临沂市人民检察院做出刑事申诉复查通知书，认定原判犯罪事实清楚、证据确实充分，不符合抗诉条件，决定不提起抗诉。2015年5月，临沂市人民检察院控告申诉科工作人员表示，案件某些细节上存在瑕疵，但不影响整个案件定罪量刑。

北京大禹律师事务所李逊律师介入这起案件，了解案情后，他认为张志超是冤枉的。但是，申诉方需要获得强有力的支持，申诉代理律师便与陈光中联系，请他就此案公开发表意见。陈光中了解案件情况后，陷入沉思，他认为这个案件存在不少问题，经不起质疑。

2016年4月27日，在北京大禹律师事务所召集的"完善刑事案件申诉启动程序高端论坛——以山东张志超案为例"的研讨会上，申诉代理律师介绍了张志超案的案情，陈光中第一个发言，明确提出这个案件显然是个冤案，主要证据存在明显矛盾，认定的事实不合情理，与常识和逻辑背离——张志超没有作案时间，他供认的被害人的衣服颜色与实际情况不一样，其他一些重要证据也存在疑问。陈光中的发言被公开报道后，张志超案件受到越来越多的关注。

2018年1月，最高人民法院指令山东省高级人民法院再审此案。2019年12月5日，经过6次通知延期之后，该案终于开庭再审。经过数小时的审理，出庭的检察员认为案件事实不清，证据不足，建议山东省高级人民法院依法改判张志超无罪。

2020年1月13日，当年被判处无期徒刑的张志超被改判无罪。从服刑5年后开始申诉，直到法院再审改判无罪，前后长达14年时间，张志超已经由一个青涩少年到了而立之年。2020年1月，张志超与母亲赠送陈光中一面锦旗："法学泰斗名垂史册，正义灵魂寿与天齐。"

该案再审改判无罪一周年时，北京大禹律师事务所组织法律界和媒体界就此案再次进行研讨，受邀到场的陈光中对于该案得到平反表示欣慰，他语重心长地指出："解决冤案，不应该只是个口号，要从张志超这种极其典型的案件中吸取教训……张志超案并不难以发现和纠正，有关办案部门应该反思。"

清晰有力的理性声音

因对聂树斌案、张志超案等的介入，产生很大影响，许多人把陈光中看作推动纠正错案的有代表性的学者。

对于近些年来几个典型的冤错案件，陈光中都在不同场合发表过分析意见。对于冤假错案平反之难，他深有体会。再审是一扇很难打开的门，他认为："不仅要严格预防冤错案件发生，发现这类案件还要能及时纠正。"

当一些案件引起重大舆情或者成为公众关注的社会热点，人们总是希望能够听到法学家的声音，但陈光中对于发表有关案件的意见一直持慎重态度。对于案情，他要全面了解和缜密分析，既不轻率发表意见，也不惮于表达自己经过深思熟虑后的真实想法。

除了聂树斌案和张志超案之外，陈光中还介入过其他一些案件的申诉过程，如陈满案的辩护律师邀请他参与论证，在论证中，他指出该案证据不足，呼吁予以改判。此案后来被纠正，改判无罪。

当年呼格吉勒图案在申诉过程中，也有人邀请他参与其中，发表看法，他对此案纠错表示支持，但因身体状况不佳，便推荐北京师范大学宋英辉教授参加有关活动并发表意见。对于这一案件，他未能贡献自己的力量，他感到有些遗憾。

许多人把再审改判无罪的案件都笼统地称为"冤案"，其实"冤案"一词往往指无辜的人被判决有罪，再审改判无罪的案件，有一些是因证据不足做出改判的案件，按照裁判文书的表述，应当属于"疑案"，当事人是否有罪或者无辜，难以判断。有一起案件，也是引起社会高度关注的案件——湖北省京山县发生的佘祥林案，这是一起得到确证的冤案。

1994年1月2日，张在玉与丈夫佘祥林争吵后离家出走，就此杳无音讯。两个多月后，吕冲村一水塘发现一具女尸，因浸泡多日，无法明辨其身份。经张在玉的家人辨认，有关部门认定，女尸的年龄、体征、死亡日期与张在玉相符合。4月28日，佘祥林因涉嫌杀人被批捕。1998年9月22日，佘祥林被判处有期徒刑15年。

2005年3月28日，在外多年、已经重新嫁人的张在玉忽然想起来自己在湖北还有孩子，就回到湖北。她这一回来，引起轰动，佘祥林冤案就此大白于天下。法院立即启动审判监督程序，予以改判。

2005年4月13日，湖北省京山县人民法院开庭审理佘祥林故意杀人案，审判长宣布佘祥林杀人罪不成立，予以无罪释放。9月2日，佘祥林领取70余万元国家赔偿金。

此案铸成大错的关键，是侦查人员对女尸身份的错误认定。对于此案，陈光中公开发表了评论意见。他指出传统思维在刑事司法领域的弊端：一是办案机关不是用现代刑事司法的观念来指导侦查、指导破案，主要表现在有些地方重打击犯罪、轻人权保护，特别是对犯罪嫌疑人的权利保障认识不到位，甚至可以说是明显漠视。二是当地有关部门干预公检法机关办理案件，使得办案机关不能真正实现有效的互相制约，导致案件一错再错。另外，侦查队伍客观上破案的压力大，主观上对破案急功近利，甚至以此邀功请赏，也是不可忽视的因素。

拾贰

一生治学
如琢如磨

勤奋，应当从少年时代开始，并且一生持之以恒。一个人只要珍惜时间、勤于积累，一旦机遇到来，就必然有所成就。如果平时没有积累，即使机遇来了，也没有可施展的才能，只能让机遇擦肩而过。

——陈光中

笔耕不辍，结集四卷

从高中时起，陈光中就喜欢写东西，后来他发现，文学类的、描述性的文章非其所长，他更擅长写一些议论性的、政论性的文章，这种文章写起来不但顺手，也更能凸显他的风格。高中时，他在温州当地一家报纸上发表过一篇散文，内容是读古代诗词的感想，这是他第一篇见报的文章，也是文学性文章。第二篇见报的文章，是初上大学时所写。那是到大学后，他想起自己的高考经历，偶有所感，写了一篇题为"献给高考失败的读者"的文章，对高考失利学生加以劝导和鼓励。当时，他一个人坐在中山大学的教室里写了一个下午，写出来后就投给当地一家报纸，文章顺利登出来了。他回忆起这段经历，不无遗憾地说："这些都是我早期具有散文性质的文章，内容和表达都十分真切，只可惜没有保留原稿。"

上大学以后，陈光中一直以法学研究为志业，一路前行，初心不改，积累下不少为学经验。

陈光中一直认为，要想在学术上有所成就，几个基本要素不可或缺，天赋与勤奋尤为重要。他在总结自己的治学经验时，感慨地说道："一个人在事业上要有所成就，特别在治学的道路上想成为一个大学问家，必须要具备三个条件：天赋、勤奋加机遇。但是，天赋不由个人决定，机遇变数很大，只有勤奋完全取决于自身。"他还提到："只有天赋而缺乏勤奋，只能发现零星问题，无法实现深入研究；如果天赋有限，即使十分努力，结果也可能是水准欠佳，难遂人愿。"

多年的人生经历让陈光中意识到，要发挥自己的才智，需要维护好人生环境。他有着敏锐的洞察力，对世事保持着清醒态度，思想观念一直进步。他期待并且力所能及地推动、支持国家进一步改革开放，推动司法制度进一步走向民主文明。但他知道，许多重大改革事项，欲速则不达，需要从现实出发，着眼于具体问题，他尝试尽自己的努力，逐步推进法治的进步。

在学术研究中，他主张学以致用，认为无论学问做得多么深奥，都要注重实效。学问归根结底是要用来造福人类的。对于中国学者来说，研究学术要抱着造福人民的想法，思想观点要用于推动司法的进步，服务司法改革。他说过："哪怕你的论文写得理论性很强，别忘了，做学问千条万条，最后要落实于造福社会。像爱因斯坦的相对论，虽然大家看不懂，但实际上也是为人类服务的，不是为做学问而做学问。我们研究学术，要直接为司法的进步服务，为司法改革服务。"

他不尚空谈，始终追寻学术成果的实践转化，这使他的学术研究有着清晰的立法和司法取向。他说："我做学问勤勤恳恳，很努力，这也是我年轻的时候立下的志向，就是所谓'立言'，自己要留下一点东西传至后世，才不枉此生。立言，不是为文章而写文章，否则文章会空洞无物。"

他希望自己的学术观点能够为立法机关和司法机关所采纳，成为法律和司法解释以及司法制度的依据，这是对社会实实在在的贡献。他对自己的弟子说："如果你发表了许多篇文章，其中有几个观点被立法机关采纳成为法律，这样的文章就有影响立法的作用。"他认为，文章本质上是一种"舆论"，发表文章就是"制造舆论"，要力争被立法部门重视并采纳。那么，怎么才能被立法部门采纳？除了利用自己的学术影响力以外，提出观点的角度和论证的分寸都是考量因素。他认为推进改革是自己作为学者的良心与责任所在，如果不能学以致用，写文章只为评职称、拿奖项和满足自己的荣誉感，就失去了士人珍视的传统。他欣赏北宋思想家张载的气魄和宏愿："为天地立心，为生民立命，为往圣继绝学，为万世开太平。"他认为，这才是一个学者应当追求的人生价值目标。

他写文章，一般都有较强的现实性目的。对于当前法律或司法有什么问题，他有所思考，形成观点。有了明确的针对性和目的性，他才会动笔写出来。新的法律公布了，常有编辑来约稿，请他评论，他会结合其优点以及不足加以点评，评价标准是对社会进步、司法进步是否有利。

除了潜心研究法学具体问题以外，他也关注法学宏观层面的问题。他发表了相当多的文章，以阐述具体的制度和程序为内容，对实务部门大有参考价值；非常宏观以及纯理论的文章写得不多。

他治学主要以写文章为主，较之于著书，他认为写文章更实际一些。文章短、平、快的特征使他能时刻掌握写作的主动权，遇到什么问题可以快速反应，并诉诸文字。这需要以扎实的理论功底作为支撑，所以他每年发表文章都保持一定的数量。

当校领导期间，他发表的文章偏少，没有充裕的写作时间是主要原因，但是他一直坚持"两条腿走路"：行政工作再忙，也不能忘了治学。从担任行政职务的第一天开始，他就坚持讲课，继续指导研究生，坚持写论文。时间紧，就晚睡觉，挤时间，一定要有所研究和著述。

陈光中每年都有三四篇论文发表，在全校排名中一直名列前茅。有人感叹年轻人都写不过他。他说："我也没有追求什么效率，刻意追求多写文章。我就是自然而然地在做学问，心里有想要写的东西，再去同学生合作。"他注重自己文章的质量，撰述的态度格外认真，虽然以他的学术影响力，写出的文章不会遇到发表难的问题，但他从不懈怠，始终严把质量关，在文字上仔细推敲，力求严谨。多年来，他坚持写高质量的文章，自己感到满意，才拿出去发表，达不到满意的程度，他绝不会将文章发给编辑。法学期刊的编辑常说看他的文章很省力气，因为层次、逻辑、段落包括语言文字都经过认真推敲，不需要怎么改。

他的文章有一部分是与学生合写的，一是因为时间紧，二是因为他不怎么会用电脑。他们这一代学者，开始写文章都是一字一句在稿纸上写出来的，这样的速度在互联网时代肯定不行，为了加快写作进度，他就带着学生写。以这种方式写出的文章，从写出初稿到最后定稿，他要修改两三次。到了最后一遍，更是要逐段逐句通读。他说："完全靠自己的话，收集资料和一字一字写出来要慢多了，可能会有一些观点、主张不能及时表达出来。"

在论文与专著的写作安排上，陈光中通常不做专门规划。他的个人专著中，"司法制度史三部曲"（即《中国古代司法制度》《中国近代司法制度》《中国现代司法制度》）是个例外。这三本书，从写作到出版都经过精心筹划，在出版时间安排上也有先后顺序。

陈光中的一些专著，是以论文汇编形式付梓的。千禧年春，陈光中出版《陈光中法学文集》，这是他古稀之年志庆之集。在序言中，他自谓："如苍天保佑，假以时日，我愿在 80 岁时再出一本文集，为推进依法治国、建设社会主义法治国家再做一点贡献。"

转瞬 10 年，陈光中年届八秩，又推出 3 卷本《陈光中法学文选》，这是他耄耋之年志庆之编。到了 90 岁，他又出版了《陈光中法学文选（第四卷）——司法改革与刑事诉讼法修改》。这本专著是他 80 岁到 90 岁所写的文章的选集，经过选编、分类与删减。这些年，虽然年事已高，但他没有放松学术研究，持续写了不少文章，这本专著算是在他 90 岁生日时对自己过去 10 年学术成果的总结与回顾。书中文章的收集、分类和编辑，是他请学生帮忙做的。这样做，对学生来说，也是一种锻炼。

陈光中自熹兑现诺言，感到晚年光阴未曾虚掷。他回顾平生，写下《九旬感怀三首》：

其一
东边太阳西边雨，
半生波折逢际遇。
冷对花开又花落，
愿留芳香在人宇。

其二
走笔蛇龙七十年，
敝帚自珍结四篇。
文章得失任君说，
人权之声响云天。

其三
杏坛传道终身业，

> 诉讼法学创新篇！
> 百余俊杰齐抖擞，
> 法治伟业竞争研。

学术思想的核心：动态平衡诉讼观

陈光中学术思想的中心，是刑事诉讼法应有的理念以及在司法实践中应用这些理念并实现制度方面的完善。他以严肃、简练的学术风格分析刑事司法涉及的各种价值，并将其综合归结为"动态平衡诉讼观"。他把这一诉讼观看作"一生学术研究心得的哲理性概括"，也是他"一以贯之的基本理念和思想标志"。近些年，他给博士生讲的第一课，就是"动态平衡诉讼观"。在讲课中，他不无感慨地提到：

我们过去在这方面有教训，不讲平衡，只讲矛盾、讲斗争，丢掉了统一与和谐。实际上，社会的发展规律中既有矛盾也有斗争，到了平衡的时候，矛盾缓和，战争停摆，社会进入稳定阶段，才有经济繁荣发展，政治安定，文化进步。

他眼中的"平衡"是"对立的两个方面、相关的几个方面在数量或质量上均等或大致均等"。他认为："之所以说是'动态'的，是因为这种平衡因国别、地方实践的情况不同而有所侧重。譬如，在犯罪猖獗、社会治安不好、社会秩序不稳定的情况下，要适当强化对犯罪的打击；反之，要更加注重保障人权。"

在刑事诉讼中，需要动态平衡的，是这样几组对应的概念：

一是刑事实体法和刑事程序法。一方面，刑事诉讼法保障刑法的实施，程序法对于实体法的实施具有工具价值。另一方面，刑事诉讼法自身具有独立的价值，即程序法本身直接体现出来的民主、法治、人权的精神，不依附于实体法而存在。陈光中认为，既要承认程序法的工具价值，又不能陷入唯工具论；既要承认程序法的独立价值，又不能过度夸大，陷入程序优先论。

二是惩罚犯罪与保障人权。陈光中认为，惩罚犯罪和保障人权对立统一，不可偏废，两者必须妥善加以协调，相互平衡，结合在一起。刑事诉讼法尊重和保障人权，这是评价一个国家民主法治文明程度的标杆。刑事诉讼领域的人权保障的重心在于犯罪嫌疑人、被告人的权利，也要注重保障被害人权利。

三是客观真实与法律真实。我国刑事诉讼奉行客观真实原则，要求公安司法人员通过证明活动达到认定的案件事实与发生的客观真实相一致。不过，司法活动不是以发现真实为唯一价值，还包含人权保障的程序价值。陈光中认为，当价值间存在矛盾和冲突时，法律真实可以起到平衡器的作用。

四是控辩对抗和控辩和合。陈光中认为："刑事诉讼是控辩审三方进行对立统一的结构和活动，适用平衡论，也就是说，控辩双方在争讼中需要有所调和。他们在侦查、起诉、审判前可以通过双方的协调使案件得到解决，有些要通过审判，由法院来加以平衡，通过审判最终解决案件的整个过程，就是一个对立统一的过程，也是一个平衡过程。"陈光中指出：

> 我们过去在审判的过程中注意平衡不够，比较机械地强调控辩双方的

对立，到法院才通过审判加以解决。实际上在侦查、审查起诉的过程中，也有平衡的要求。现在我们讲诉讼的和谐不仅在审判阶段，在侦查、审查起诉阶段也讲和谐，这个我们过去是不重视的。现在有条件，我们在刑事诉讼一开始就可以讲和谐，和谐理论已经深入到我国刑事诉讼制度之中了。提前和解对案件来说，不仅有利于当事人早点解脱诉讼之累，而且能使诉讼更好地为社会发展服务。

五是诉讼公正与诉讼效率。陈光中主张"公正第一，兼顾效率"，认为"迟到的公正固然是不公正，但早到的不公正更不公正"。公正的优先地位不是绝对的，在一定情形下，为了效率，不得不对公正价值做出适当牺牲。为了提高诉讼效率，他主张扩大调解在刑事案件中的运用，将程序的选择权交给被告人，在更大程度上发挥简易程序的作用。

在思考动态平衡问题时，陈光中对于程序至上的观念进行了分析，他提出的程序公正观点是持平公允的。

改革开放前，我国法学界是保守的，司法习惯是"重打击，轻保障""重实体，轻程序"。改革开放后，法学界的思想活跃起来，以季卫东写的《程序的价值》一文最具代表性，这篇文章阐述了美国20世纪60年代"正当程序革命"的成果，包括沉默权告知制度等内容，揭明程序的重要法治意义。受此影响，诉讼法学者开始意识到诉讼法不能仅仅充当实体法的婢女的角色，有学者进一步主张"程序优先于实体"，这种观点很快在刑事诉讼法学领域流行开来。还有学者从这个基点出发，大力倡导"程序优先理论"。

陈光中对司法中"重实体，轻程序""重打击，轻保障"的现象一直持批判态度。对于"重程序，轻实体"或者"程序优先于实体"的观点，他也不以为然，认为言过其实。他敏锐地意识到，过分贬低实体公正，拔高程序公正，存在一个隐患，那就是以程序正义掩盖实体不正义，为实体不公寻找到遁词。他撰文指出："当前我们应当重点纠正'重实体，轻程序'的观念和习惯，但是，在理论上应当科学地加以论证，而不能矫枉过正。"

陈光中注意到，主张程序优先论的，主要是一些英美法系的学者，以及受其影响的部分日本学者。老一辈日本学者对实体真实是十分重视的，东京大学的松尾浩也教授就是如此。有一次，松尾浩也应邀到吉林大学演讲，结束后顺访北京，与我国部分学者在中国人民大学法学院进行学术交流，正值他的教材《日本刑事诉讼法》一书中文版出版，大家结合这本书就日本刑事诉讼法制度展开讨论。松尾浩也首先发言，直率指出："美国法不太重视真相，日本法不同，特别重视真相。"他用赞赏的语气说："我认为中国法也是如此。"他以中国人民大学东门内镌刻着"实事求是"四个大字的石碑佐证自己的观点。

对于域外的学术见解，陈光中一贯采取开放态度，对于借鉴外国的法学理论和诉讼思想，他强调"借鉴不等于照搬"。他注重结合我国司法实践，吸纳合理的因素，形成自己的学术观点。

日本学者谷口安平在论文集《程序的正义与诉讼》第一篇《程序的正义》中指出：

> 诉讼的实际结果，由于诉讼程序或具体过程的差异，可以有极大的不同。于是，从这个角度出发，就出现了另一种思想。认为程序法并不是助法，而是具有实体内容形成作用的法的重要领域。实体法上所规定的权利义务，如果不经过具体的判决，就只不过是一种主张或权利义务的假象。

只是在一定程序过程产生出来的确定性判决中，权利义务才得以实现真正意义上的实体化或实定化。①

谷口安平认为，英美法系和大陆法系都存在着"程序先于实体"出现的现象，用一句话来表达这些现象就是：程序是实体之母或程序法是实体法之母。

陈光中读《程序的正义与诉讼》一书，边读边思考，他认为程序优先一说，从理论到实践不一定经得起推敲。对历史有充分了解的他，敏锐地意识到，从中国法律与司法的起源来看，并不存在程序法优先于实体法的问题，所谓"程序是实体之母或程序法是实体法之母"的说法，并非对程序与实体关系的完整、准确的历史描述。

陈光中对学问一直保持认真求证的习惯，决不放过似是而非的说法；对于未经核实的资料，决不肯轻易断言。有程序优先论者以 J. 罗尔斯的观点作为自己的理论支撑，将罗尔斯的程序正义观点移花接木成程序优先论。为核实罗尔斯的说法，陈光中仔细阅读《正义论》，发现罗尔斯并未主张程序至上。在《正义论》中，罗尔斯将刑事审判归类为"不完善的程序正义"，并没有将其视为"纯粹的程序正义"。《正义论》中提到：

在刑事审判中，被期望的结果是犯有被控告的罪行的人被宣判为有罪，但看来不可能把程序设计得使他们总是达到正确的结果，即法律被仔细地遵循，过程被公正恰当地引导，还是有可能达到错误的结果——一个

---

① ［日］谷口安平著：《程序的正义与诉讼》，王亚新、刘荣军译，中国政法大学出版社1996年版，第6-7页。

无罪的人可能被判有罪，一个有罪的人却可能逍遥法外。[①]

这清楚地表明，刑事审判属于"不完善的程序正义"，即有关于什么是正义的确定标准，但不能设计出一种程序总是能够实现这一标准。我国一些学者主张和赞同的"只要实现了程序正义，无论出现什么样的结果都是可以接受的"观点，将刑事审判等同于赌博一样的"纯粹的程序正义"了，不符合罗尔斯的观点。

对于程序与实体方面研究的学术动向，陈光中十分关注。罗尔斯的《政治自由主义》中译本出版后，他马上找来看，发现罗尔斯在书中更加明确地主张程序不能离开实体而绝对独立。他听说英国学者 D. 米勒在《社会正义原则》一书中就实质正义与程序正义的关系进行了阐述，特意买了一本仔细研读。他欣赏书中的一句话："程序正义的马车不应当停在实质正义这匹马之前。"他从当事人的角度出发，思考司法公正问题，指出当事人耗时费力打官司，不是单单为了感受程序公正；当事人上诉、申诉、上访，都是为了维护自己的实体权益。司法如果不重视实体公正，将会成为社会不和之源，民众怨府之所在。

"程序优先论"没有得到司法部门及其工作人员的广泛认同，陈光中注意到，司法机关等官方机构没有提过"程序优先论"。2009 年，他看到最高人民检察院发布的《中华人民共和国检察官职业道德基本准则（试行）》第 19 条专门提到"坚持程序公正与实体公正并重"，这与他长期坚持的诉讼理念相合，他看到后感到十分欣慰，他认为平衡观是司法理念中必不可少的。2010 年，在《关于办理死刑案件审查判断证据若干问题

[①] [美] J. 罗尔斯著：《正义论》，何怀弘等译，中国社会科学出版社 1988 年版，第 82 页。

的规定》《关于办理刑事案件排除非法证据若干问题的规定》发布的同时，《人民法院报》配发评论员文章《深刻理解　全面把握　坚决执行》，明确指出："牢固树立惩罚犯罪与保障人权并重的观念、牢固树立实体法与程序法并重的观念。"他希望这些说法能在学界起到"定分止争"的作用，能够给程序优先论引发的学术争议画上一个句号。

诉讼是真伪是非之争，不能沦为竞技游戏

客观真实和法律真实的学术争论，各执一说的双方，态度是鲜明的，有时甚至是激烈的。一些学者支持以法律真实论取代客观真实论，一些学者对此表达异议，这些不同观点很快引起刑事诉讼法学领域的热议，法律真实一度成为学术研究的热词。法律真实论对司法实践也产生了很大的影响。

对于这个问题，陈光中经过深思熟虑，形成了自己的明确见解。他认为，探讨诉讼真实论的理论基础有两个：一是认识论。我国刑事诉讼中的认识论，是将辩证唯物主义的认识论适用于诉讼之中，诉讼要查明的犯罪事实是客观存在的。办案人员有可能将大部分案件事实查证清楚，但并不意味着一切案件事实都能够得到查明，或者所有案件都能够破案，但案件是否存在犯罪事实，犯罪人是谁，在许多情况下是可以确定的；当然，一些细微的情节，不可能都查清楚，也没有必要全都查清。他告诫："坚持客观真实，既有可能，也有必要，如果不坚持客观真实，或者用法律真实来否认或代替客观真实，不努力去发现真相，就有可能造成真相的湮没，最终导致冤假错案的发生。"二是价值论。价值有两个含义，其一是值得追求、值得维护的好的事物的观念或者事物本身，其二是外在于人的事物

对于人这个主体的满足程度。在刑事诉讼中，主要包括公正、效率、秩序、人权等价值。陈光中认为："我们对于案件客观真实的追求与现代诉讼所确立的公正、秩序、人权等基本价值，既有相互一致的一面，也有相互冲突的一面，这种矛盾关系决定了我们既要努力追求案件事实真相，也要让追求客观真实的脚步止于一定的限度，以兼顾多方诉讼价值的平衡。"以认识论和价值论为基础，陈光中倾向于坚持客观真实立场，认为客观真实是实现案件实体公正的前提，同时增强了司法裁判的可接受性。更为重要的是，客观真实论可以防止刑事司法中出现消极怠惰，促进办案人员积极查明事实真相，努力去实现司法公正。

陈光中认同客观真实论，但也不否认法律真实论本身的价值和理论必要性。在他看来，所谓"法律真实"，指按照法律程序、依据提供给法庭的证据所认定的事实，这一事实被视为"真实"。在诉讼法上，法律真实论更广泛适用于民事诉讼，但是刑事诉讼也有必要加以适用。因为在刑事诉讼中，有的案件不能完全查明事实，按照无罪推定原则，应当依疑罪从无原则作"从无"处理。

不是所有案件都能够查明真相，案件事实都是在一定的条件下和一定的范围内调查和认定的，受主客观条件的限制，有的案件事实始终处于真伪不明的状态。不过，陈光中认为查明案件主要事实不是不可能的，很多案件经过查证和核实，能够做到犯罪事实和犯罪人认定的确定性和唯一性，对此不能轻率予以否定。法律真实有着与客观真实相符合的一面，例如佘祥林案中，从基本案情判断——杀人案件发生了没有，死者属于自杀还是他杀或者意外死亡。如果是他杀，是谁杀的，对于这些基本事实，需要依客观真实原则去查明，如果查不清这些事实，就无法破案，或者只能对嫌疑人、被告人采取疑罪从无的处理方式。佘祥林案因没有查清其妻子是否死亡这一前提事实，闹了一场大乌龙，这是无法用法律真实说加以掩饰的。陈光中指出："对于属于案件事实中一些细节情况，有时需要依法律真实观点来加以认定。对于不同的案件，搞清楚细节的要求和程度是不一样的，任何案件都要搞清所有的细节是不可能的，案件发生以后就成了过去的事实，现在通过证据来进行还原，只能还原到最大限度接近客观真实，不可能事无巨细都一一查清。"

另外，典型的刑法罪名如巨额财产来源不明罪，司法机关要认定犯罪，只要证明财产数额巨大，被告人说明不了财产来源是合法所得，可以推定为非法所得，认定为犯罪，这就是"法律真实"。但是，法律规定的"真实"，并不能否定客观真实的存在。陈光中认为，不是一切的诉讼类型和所有的诉讼环节都以发现客观真实为目标，如诉讼中的推定，就允许根据事实存在的高度盖然性进行推断；又如民事诉讼中本着形式真实发现原则将当事人自认视为"真实"，以及法律设定的拟制等。这些做法是无法用客观真实加以解释的，以此观之，法律真实的观点有其存在的合理性。

基于上述观点，陈光中提出了整个诉讼大厦中客观真实与法律真实相结合的学术主张。关于这一研究课题，陈光中发表了若干篇具有奠基性的重磅论文，如他与陈海光、魏晓娜合写的《刑事证据制度与认识论——兼与误区论、法律真实论、相对真实论商榷》，发表在2001年《中国法学》第1期；他与李玉华、陈学权合写的《诉讼真实与证明标准改革》，发表在2009年《政法论坛》第2期，等等。

2014年10月23日，中共十八届四中全会通过《中共中央关于全面推进依法治国若干重大问题的决定》，指出："坚持以事实为根据、以法律为准绳，健全事实认定符合客观真相、办案结果符合实体公正、办案过程符合程序公正的法律制度。"最高人民法院参与该决定起草工作的胡云腾公开表明,他们在起草这一决定的时候,参考了陈光中的观点。

对证明标准的理解

侦查破案追求的是案件真相大白,即要把案件事实查清,达到主观符合客观事实的程度。我国刑事诉讼法确立的定罪标准是"犯罪事实清楚,证据确实、充分",如何认识这一标准,陈光中有他的独到见解:

"犯罪事实清楚"是我们的主观标准,类似于英美法系的"排除合理怀疑",案件本身不存在清楚、不清楚的问题,所谓"清楚"只能是认识主体把认识客体认识清楚了没有,所以"事实清楚"是个主观标准。"犯罪事实清楚"依什么?依的是收集的证据达到了确实、充分的程度。所谓"证据确实、充分",指的是证据的真实性、证据的数量都达到了特定程度,达到这一程度,案件事实就能够认定,就清楚了,这两者的关系是这样的。

他把这一见解写进自己主编的教材《刑事诉讼法》里。他指出:"案件事实清楚,证据确实、充分"这种表达,植根于中国的国情和语言表达方式,我国古代的判例往往表述为"证据确凿、事证明白";到了现代,红色政权在解放区时期使用的是"事实清楚,证据确凿"的提法,很接近现在的法律表述。

我国 1979 年刑事诉讼法立法,一开始确定的证明标准就是"犯罪事实清楚,证据确实、充分"。对此,陈光中认为,我国法律规定的这一证明标准，既不照搬英美法系国家的"排除合理怀疑"、大陆法系国家的"自由心证"（即内心确信），也不移植苏联的"内心确信"，绝非偶然。我国刑事诉讼中的证明标准，是在总结历史经验和司法经验的基础上形成的，符合中国的语言表达习惯和诉讼文化。重视真相是我国的司法传统，强调客观是多年的司法经验。

2012年刑事诉讼法修改时，在"证据确实、充分"的判断标准中加入三个指标，"排除合理怀疑"是其中之一。对于法律中加入"排除合理怀疑"，陈光中并不赞同。他指出："犯罪事实清楚"的标准由来已久，"排除合理怀疑"和"犯罪事实清楚"一样，都属于主观标准，两者并列，似嫌重复。

陈光中认为，我国刑事诉讼法中的"排除合理怀疑"不能简单用英美法系学者的通用解释，即最大可能性是多少，对应哪一个百分比，而应当用"主要事实达到唯一性"这个标准来进行判断。他指出，在关键事实上，不能以盖然性作为认定标准，对于谁实施了犯罪，不能以"最大限度就是你"或者"95%是你杀的人"做出认定。特别是一些重大案件，连99%都存在误判的可能。

关于刑事诉讼制度的纲领性表述

陈光中对刑事诉讼法学一些基本范畴以及司法制度一些基础理论做了系统的研究，并对一些理论界尚未深入研究但又非常重要的基础理论问题，如概率与证明标准等，也进行了开拓性研究。

我国司法改革处于关键时期，人们期待在司法领域率先提高法治化程度。陈光中对法治进行分析，于2016年撰写了《中国法治要面对的三个问题》，在《法制日报》上发表。这三个问题是：

一是法治与民主的关系。陈光中认为法治是国家治理现代化的一个基本标志。当代国家的法治是以民主为前提的，现代的法治与古代法治的本质区别就在于要不要民主。

二是完善我国法律体系。陈光中认为，从发展的眼光看，我们的法律体系有待进一步完善。当前一个重要的问题是立法如何引领改革，巩固和发展改革成果。

三是实行严格司法，准字当头。"严格司法"要做到"三符合"：事实认定符合客观真相，办案结果符合实体公正，办案过程符合程序公正。让人民群众在每一个司法案件中感受到公平正义，那就必须注意在办理一切刑事案件中，做到"准"字当头，力求运用证据认定的犯罪事实符合客观真相。

早在20世纪90年代初，陈光中就提出了以注重人权保障为特色的刑事诉讼目的观。他主张法的权利本位观，认为刑事诉讼在总体上应当以权利为本位，打击犯罪，归根到底是为了维护人权。但是，就刑事诉讼的直接目的而言，应当是惩罚犯罪与保障人权相结合。

对于司法及司法机关，无论法学界还是实务部门，都存在模糊认识。在学术讨论中，由于对基础概念理解不一，导致众说纷纭，莫衷一是。陈光中在主持研究教育部重大攻关项目"中国司法制度的基础理论问题研究"过程中，结合我国国情，对刑事司法基本概念加以厘清，提出自己的见解。他认为，司法诚然可作狭义解读，将其等同于审判的概念，但是将司法作广义的、等同于诉讼的界定更符合中国的实际。何为司法机关，世界各国并无统一说法与定论，从我国宪法、政治制度以及法院、检察院的实际地位和作用出发，应当将我国的司法机关界定为包括法院、检察院在内。

陈光中认为，中立是司法公正的内在要求和保证，贯穿于诸多诉讼原则和制度之中。就整个刑事诉讼而言，有很多问题需要第三方做出决断，并不限于审判阶段由法官中立地做出裁决。检察机关、鉴定机构乃至看守所，在一定情况下，均需要保持中立性。

对于刑事诉讼制度和程序，陈光中有自己的清晰立场。在辩护制度上，他主张法律援助的适用范围要扩大，现行刑事诉讼法对于法律援助的适用范围规定过窄，仅适用于死刑、无期徒刑的案件，以及盲聋哑和未成年人案件。一般案件没有规定强制辩护制度，犯罪嫌疑人、被告人就可能得不到法律援助。他认真检索了一些西方国家的辩护制度资料，发现在许多国家，凡是刑事案件，只要追究刑事责任，一开始追诉，嫌疑人就可以获得法律援助；有的国家将强制辩护制度限定为可能 3 年或者 3 年以上刑罚的案件，凡这些案件的被告人没有聘请律师的，国家都为其提供法律援助。陈光中主张，在我国刑事诉讼法中，可能判处 3 年以上刑罚的案件，也应实施强制辩护制度。他认为："我国现在的律师数量以及国家的财政支持，足以应付这些数量的案件，若有一些困难，做一点努力就能够做到。"

陈光中关心死刑复核程序。过去死刑复核采取的是封闭式办案方式，行政复核色彩很浓，现在办案方式向诉讼化模式转变，律师由过去的不能介入也转变为可以介入。对于死刑复核程序的这些改变，陈光中予以肯定。他并不主张实行三审制，认为死刑复核程序诉讼化是应有的制度选择："死刑复核蕴藉着我国传统司法文化，我国很早就有死刑复奏制度，现在死刑复核程序与红色政权在解放区实行的死刑案件报批制度有着承继关系，改成三审制，未必就优于植根于传统的死刑复核制度，但是死刑复核程序需要诉讼化，不但律师要介入，还应给被告人更多权利，在一定程度上实现庭审化。"

在他心里，刑事审判方式始终是刑事诉讼制度中的重要问题。1996年刑事诉讼法修改的一个重大突破，就是审判方式改革，从原来的"纠问式"变成带有"对抗式"因素的新庭审方式，是非常重要的制度安排。他认为，在审判过程中，要解决的主要问题是证人到庭率低。我国刑事诉讼法在证人制度上的规定有明显瑕疵，允许法官在证人不到庭的情况下宣读证人证言笔录，却没有确立传闻证据规则，这是一大缺憾。尽管司法机关都认同直接言词原则，但是在解决证人出庭问题上，态度并不积极，想要回应社会的期待，认真去做恐怕也力不从心。他指出："在法庭上，宣读证人证言笔录只能作为一种例外，我们却将其作为一种普遍方式，证人就成了法庭上的稀罕人物。"他主张："提高证人的出庭率，这个要做重大的改革。"为推动证人出庭作证制度，他做了大量工作，在全国一些实务部门进行调研，也搞了一些"试点"，收集整理了不少实证资料。在他看来，不健全相关诉讼制度，将证人出庭的决定权完全交给法院，法官对于证人出庭作证有怕麻烦的心理和没必要的认识，不克服这样的心理，超越这一认识，就不可能在这一问题上取得很大进步。

在西风劲吹的学术氛围里，如何对待本国文化传统，陈光中也有自己的思考。他认为，"中国特色"不是从天上掉下来的，而是有其悠久深厚的历史文化渊源，包括古代、近代和新民主主义革命时期的法律文化。在国家法官学院聘请他为兼职教授的聘任仪式上，陈光中应邀做学术演讲。

有人向他提问:"如何看待马锡五审判方式?"他回答:"马锡五在田间地头进行审判,这种方式现在可能已经不太适用,但马锡五深入群众主动调查案件、调解案件所体现的亲民精神和负责态度值得继承。本国的优良文化传统包括司法传统,不该轻易舍弃。"在他心中,理想的模式是将西方法律制度的优点引入中国并与我国本土资源相融合。他曾说:"我爱好一点音乐,喜欢《梁祝》协奏曲,曲子演绎的是中国古代爱情故事,用的却是西方的小提琴,这种中西合璧的艺术表现,不是可以给我们的法学研究和司法改革带来一点启迪吗?"

在他眼中,职权主义和当事人主义这两种审判模式各有长处和短处,两者适当结合,最有利于实现刑事诉讼的目的。我国刑事诉讼结构接近大陆法系的职权主义诉讼模式,适当吸收当事人主义的一些因素,是刑事诉讼模式改革的正确方向。

为了我国证据制度的科学化、法治化和人性化,陈光中主张根据国际人权公约的有关规定,并参考外国证据规则来完善我国的证据制度。他主张确立无罪推定原则,强化被告人权利保障。非法证据排除规定是学术界研究的热点问题,司法实践中仍然存在排除难的问题。对于排除非法证据,既有法律规定,也有司法解释规定,已经不存在法律不够用的问题,司法中遇到的是法律是否管用的问题。总体来说,相关司法实践情况不尽如人意。他分析道:"非法证据排除难,司法观念的转变问题还是没有解决到位,法律制度设计的严密性方面也存在不足,如今这一制度在诉讼过程中主要依靠辩护方加以推动,有的案件证据明显属于应该依法排除的,却照用不误;即使有幸排除了,对定罪也没有任何影响,非法取证机关毫无触动,非法取证人员没有'痛感',这就使非法证据排除制度在遏制非法取证行为方面的功效大打折扣。"

陈光中主张借鉴有的国家使公诉案件被害人当事人化的倾向，增加被害人申请回避权甚至上诉权。在 1996 年修改刑事诉讼法时，他力主在加强被告人权利的同时，扩大被害人的权利，从而建立起一种诉讼平衡。

此外，他主张以比例原则遏制权力滥用，完善强制措施，依据现代死刑政策对死刑复核程序进行正当化改造，对再审程序进行正当化改造，确立和完善中国特色的刑事和解制度，建立中国特色的判例制度，建立和完善刑事赔偿制度等。

让他感到安慰的是，他关于司法公正和完善司法制度的观点，经过司法实践检验，逐渐为立法机关与实务部门所接受和认同。他倡导的打击犯罪与保障人权相结合、程序公正与实体公正并重、客观真实与法律真实相结合等基本诉讼理念，被中央有关司法改革文件所采纳和吸收。2007 年最高人民法院、最高人民检察院、公安部和司法部《关于进一步严格依法办案确保办理死刑案件质量的意见》指出，"坚持程序公正与实体公正并重，保障犯罪嫌疑人、被告人的合法权利"，这一表述与陈光中的观点是一致的；2008 年《最高人民法院工作报告》和 2009 年国务院新闻办公室发布的《国家人权行动计划（2009—2010 年）》等也有类似的表述，都与陈光中多年坚持的理念相契合。

学术观点是很难妥协的

学术不可能是铁板一块，这是一个规律。正常情况下，学术观点是有分歧的。正因为学术观点不同，才有相互交流的价值。在学术史上，不同观点的差异可能形成不同门派，仿佛武侠世界，争强斗胜，不足为怪。

还有一种情况，也会促进学术研究：本来没有争论，当一位学者发表了某个创新的观点，点燃大家的兴奋点，学术研究就热闹起来了。

陈光中向来重视学术争鸣，对于不同学术观点，他主张一要包容，二要切磋，以求学术共同进步。

在学术界，有的学者受英美国家学术的影响较大，提出一些激进的或者颠覆性的学术观点，这些观点与陈光中的主张大为不同。对于有些观点，陈光中看了不能认同，他以学术争鸣的态度与方式表达自己不同的见解。

与陈光中学术观点明显不同的，是一些学者主张的法律真实论，他们强调程序优先，对客观真实观点提出质疑，加以否定；在查明事实真相上，他们不同程度地贬低甚至否定认识论。

对于程序优先，陈光中认为，办理案件当然要注重程序，但是实体不能因程序的重要性而受到贬低，不能夸大程序的独立性，忽视其对实体正义的保障作用。1998年，针对程序优先理论，陈光中和自己指导的博士生王万华合写了《论诉讼法与实体法的关系——兼论诉讼法的价值》，这是陈光中以论文形式发表的讨论程序优先问题的代表性文章。陈光中在文中直率地批评了"程序优先说"，明确提出"程序实体并重说"。陈光中明确反对将程序凌驾于实体之上的观点，他认为，程序正义与实体正义应当结合，两者本应是并重关系："程序本位主义强调程序自身的价值，为我们认识程序的价值开拓了新视野，为衡量诉讼法提供了新标准。但是，这一学说将程序独立价值这一面强调到了极致，从一个极端走向另一个极端。"

与这个争议相关的，是认识论与刑事诉讼的关系问题。陈光中对于贬低认识论的观点很不赞成，很快写了一篇论文《刑事证据制度与认识论——兼与误区论、法律真实论、相对真实论商榷》与之商榷。以这篇论文的观点为基调，陈光中又陆续发表了一系列论文，他主编的教科书《刑事诉讼法》《证据法学》都对诉讼认识论进行了概括介绍与分析。

客观真实和认识论问题的学术争议，发端于有的学者批评"绝对的客观真实"一说。陈光中仔细看了相关文章，里面确实提到"绝对"两个字。陈光中认为，客观真实既有绝对的一面也有相对的一面，两者是相结合的，不承认绝对只承认相对也是不行的。他指出："认定犯罪也有一定的绝对因素，从哲学认识论角度说，认识永远没有终结，是相对的；但是对于一个具体事物的认识，有一定的绝对性。"

陈光中的基本学术观点是逐渐形成的，经过深思熟虑，精雕细琢，不会轻易变化。他有一个信念：学术观点是很难妥协的，特别是关键的、基本的学术观点。陈光中作为学术权威，提出不同见解，难免与其他学者、包括以往的学生的观点发生碰撞，甚至导致一些人际关系的难题，这是他没有预料到的，也是他不愿看到的。他始终坚持在人际关系上与人为善、在学术观点上坚守自己认为正确的主张。他鼓励学生秉持"吾爱吾师，吾更爱真理"的态度，不盲目追随导师的学术观点，坚持自己的学术观点，他自己也一直在践行这一原则。他认为，在学术真理性的讨论中，不能要求谁迁就谁。有些学术观点并非技术性、枝节性问题，而是根本性、原则性问题，该提出商榷的，应当勇于发声，学术观点是没有办法协调的。

这些学术争议经过一番文字上的"刀光剑影"，似乎可以落幕了。不过，陈光中认为，争鸣文章，无论观点如何，都是很有学术价值的研究成果，多年后，也许仍不失促进法学理论发展、进步的意义。

多年来，陈光中的学术观点和论著，始终执诉讼法学之牛耳。徜徉在学术海洋中，他不断探寻和掌握诉讼规律，形成不少有价值的学术观点。这些学术观点，是他独立思考、反复斟酌、求证实践的结果。许多人对此深感敬佩，佩服他始终站在刑事诉讼法学前沿，是名副其实的国内刑事诉讼法领域第一人。

大家公认陈光中眼界高远，治学严谨，不仅学问精深，而且年高德劭。在多年的学术生涯中，他以"不管东南西北风，咬住真理不放松"的座右铭自勉，体现了一个学者的品格。

谈到陈光中的治学，中国政法大学教授程味秋不禁感慨：

（陈光中）先生一直到现在90多岁的高龄还不断地科研、不断地写文章。我觉得先生是一个很典型的中国士大夫，也是1954年以后中国新知识分子的典型。他自己也说过，过去士大夫知识分子讲的是立功、立德、立言，先生的功业一直是立言。先生的成就离不开北大的科学和民主精神对他的影响。

拾叁

书剑不老
镜心依旧

2007年以来到现在，一直是比较平稳地进行教学、科研工作，因为是终身教授，没有退休。这段时间也没有发生身体健康方面的重大问题，基本上可以说是人老智未衰，希望在晚年做出自己的贡献。

——陈光中

学术研究，马不停蹄

陈光中精研学问，心无旁骛。他在住处附近租了一处房子，简单改造，将客厅布置成一间小型会议室，用来指导学生，进行学术研究，也举行一些学术会议。里面一间是他的书房兼会客室。书房摆了很多法律专业书籍。在这里，他继续带动年轻学者和青年学子研究中外刑事诉讼诸多法律与司法问题。

在赁屋研究这段时间，陈光中继续思考，潜心研究一些重要的诉讼理论和司法热点问题。他一直关心国际司法人权标准，尤为重视对联合国人权公约的研究。2005年，他主编《〈公民权利和政治权利国际公约〉与我国刑事诉讼》一书，书中探讨了国际公约在我国刑事诉讼中的适用，特别阐述了国际法优先原则，分别就公约中刑事司法的主要内容进行了研议，包括无罪推定、死刑、禁止酷刑、被剥夺自由的人的人格尊严与待遇、不受奴役和强迫劳动、人身自由权、审判公开、证人作证、反对强迫自证其罪、复审、一事不再理、刑事赔偿和少年司法程序等。2007年，他主编出版了《联合国打击跨国有组织犯罪公约和反腐败公约程序问题研究》一书，内容包含犯罪预防，机构，管辖权，扣押、冻结和没收的程序，特殊侦查手段，证人制度，证明，高科技在庭审中的应用，资产追回，引渡合作要件，以及刑事司法协助等诸多程序问题，内容全面，理论性和实践指导性兼具。

在学术研究中，"非法证据排除规则研究"项目是实践指导性很强的课题。我国司法传统素重案件真相，非法证据虽然取得不合法，但是涉及事实真相和认定犯罪，如果真实的证据排除掉了，可能无法认定案件事实，会放纵犯罪。我国刑事诉讼制度中，原本没有"排除非法证据"这个概念，后来为遏制非法取证行为和防止冤错案件，才参考一些国家的立法例，制定了排除非法证据的相关规定。2010年6月13日，最高人民法院、最高人民检察院、公安部、国家安全部、司法部（下称"两高三部"）联合出台《关于办理刑事案件排除非法证据若干问题的规定》（简称《非法证据排除规定》），让排除非法证据从学术讨论的层面走向了司法现实。

我国对排除非法证据抱有谨慎态度，相应的司法实践主要限于言词证据，以犯罪嫌疑人、被告人口供为主，对于实物证据、"毒树之果"一般不予排除，诸如通过口供找到的实物证据，就不会加以排除。陈光中对这一谨慎态度表示认同："美国搞非法证据排除规则太过了，会放纵犯罪，正是由于这一原因，美国为排除非法证据的规则附加了一些例外。英国对于非法证据没有像美国那样严格排除，而是按照案件以及证据的具体情况由法官裁量排除，规定得比较笼统。"我国对于非法证据究竟应该怎么办，这是他思虑较多，也是随后几年重点研究的内容。

自2012年10月起，陈光中带领一些学者在全国7个省10座城市进行调研，历时一年多，目的是充分了解《非法证据排除规定》实施情况。

调研小组选择全国一些地方进行调研，涉足的地域范围很广，北到吉林，南到广西，在少数民族地区也做了一些考察。陈光中一心想通过调研，搞清楚在法律已经有规定的情况下，各地究竟认识如何、实施得怎样。调研之后，陈光中与调研组其他成员撰写了题为"非法证据排除规则实施若干问题研究——以实证调查为视角"的调研报告，基于他们调研了解的实践情况，对我国实施《非法证据排除规定》提出具体的建议。文中一些重要观点，被2017年"两高三部"联合发布的《关于办理刑事案件严格排除非法证据若干问题的规定》所吸收，实现了调研成果的成功转化。

不仅如此，陈光中还承担了为期两年的"庭审实质化与证人出庭作证实证研究"课题研究项目。项目从2014年10月启动试点和调研工作，到2016年6月完成，他在浙江省温州市和北京市西城区的法院进行试点工作，在黑龙江和广西法院系统进行了调研。在此基础上，他的团队写出《完善证人出庭制度的若干问题探析——基于实证试点和调研的研究》一文，发表在2017年《中国检察官》第19期上。

2013年8月，陈光中和龙宗智联名在《中国法学》第4期上发表了《关于深化司法改革若干问题的思考》。2013年11月12日，中共十八届三中全会通过《中共中央关于全面深化改革重大问题的决定》，包含多项司法改革内容。陈光中仔细看过这一决定后，发现有相当一部分内容同他和龙宗智合作的论文内容不约而同，感到十分快慰。参加这次起草工作的胡云腾在起草决议的过程中，遇到疑难问题，曾经打电话征求过他的意见，"以审判为中心"的提法就是在这个过程中确定的，以前一直称"审判中心主义"。

2015年，《关于深化司法改革若干问题的思考》获得教育部第七届高等学校科学研究优秀成果奖（人文社会科学）法学论文类二等奖，当时法学获奖的论文中没有一等奖,只有二等奖及以下奖次。

支持以审判为中心的诉讼制度改革,是陈光中对近些年刑事诉讼制度改革的基本立场。陈光中做学问,向来注重学以致用,他认为最重要的,是自己的学术主张能够为立法和中央的相关司法文件所吸收,这是将学术见解贯彻到司法实践的直接途径。他期望这篇与龙宗智合作的论文,能对司法改革的决策产生影响,做到这一点,无疑是他人生后期的一个贡献。到了晚年,他一直坚持写作,力图写出一些有创新内容的文章。

陈光中将精力投入新的司法改革研究之中。对外学术交流活动,已经同过去有所不同。虽然他也有机会进行对外交流,但是由于年龄和身体原因,这种学术交流不得不减少,但他仍去德国、美国、巴西等国参加座谈会,进行了几次学术交流。

2016年12月14日至17日,86岁的陈光中率领中国10位知名刑事诉讼学教授赴德国参加德中刑事诉讼法学高端论坛。2017年9月,中德刑事诉讼法学高端论坛在北京召开,中德研讨会论文集(中文版)于会后整理出版。这本论文集分为两部分,一部分是中国学者的论文,另一部分是德国学者的论文。陈光中为该书写了序言。

随同陈光中教授出访是难忘的经历,中国政法大学教授刘玫回忆说:

我曾数度跟随先生出访欧洲和美洲,对一件事印象深刻。长期旅行很辛苦,日程安排得满满当当,到达目的地,几乎没有休整时间,就开始考察或者参加会议。有一次开会,先生闭目养神,我们以为他因时差原因睡着了,但他一睁眼就针对发言者所讲的内容提了一些让人深思的问题。原来他老人家非但没有睡着,还巨细无遗地把发言者的话记在脑子里。太令人惊叹了!要知道先生可是那次访问团中年龄最大的,有些年轻人的精力和体力都比不上他。

2018年12月，中国政法大学诉讼法学研究院举办"纪念改革开放40周年暨诉讼法学发展40年"座谈会，陈光中做了主旨发言。他在发言中提到："改革开放，造就我的学术人生。改革开放之前，我是壮志未酬，在改革开放之后，我的才能、精力都得到了充分的发挥，而且担任一些重要的职务。没有改革开放，就不可能有我的这些成就。"这些话，辞情恳切，都是他的肺腑之言。

拒绝王立军聘任

王立军担任重庆市副市长兼任公安局局长期间，作风强悍，又喜欢附庸风雅，不但在多所高校担任博士生导师，还有意笼络学者。在重庆打黑唱红期间，他严重违反程序法，在郊区成立专案组，非法羁押犯罪嫌疑人，阻挠律师会见，到了案件侦查终结，移送审查起诉，才允许律师会见。对此，陈光中在北京已经有所耳闻。

2011年4月，陈光中听从教育部的指派到西南政法大学主持"法学战略规划研究"西南片区座谈会。到西南政法大学之后，校中层领导邀请陈光中去参观打黑唱红博览馆。陈光中碍于情面，只得同意参观，但提出不接受采访，不见报。参观时，王立军忽然现身，主动上前陪同陈光中一起参观，并邀他一道喝茶聊天，请他在留言簿上题字。

2011年6月，王立军成立了"中国有组织犯罪对策研究中心"并担任主任，聘请了许多专家担任高级顾问。得知王立军有意邀请他担任顾问，陈光中婉言谢绝。不久，王立军制作聘书，正式聘请陈光中担任

"中国有组织犯罪对策研究中心"的顾问。这次，陈光中明确拒绝。王立军又将聘书送到陈光中的单位，再让人转交到陈光中手中。陈光中收到聘书后，决定退回。他修书一封，签名盖章并拍照留底，连同聘书一起寄回重庆。信中不仅说明了因种种原因无法答应王立军的聘任请求，还希望王立军注意遵守程序公正。

陈光中拒绝聘任半年多以后，王立军叛逃外国驻华使馆的消息传出，陈光中感到这件事既在情理之中，又在意料之外。

之后，有记者采访王立军曾经的下属，问及在王立军当红期间有没有学者对其进行抵制，他们提出陈光中退回聘书一事。对此，记者打电话向陈光中求证，陈光中表示确实有过此事，但是不愿宣扬，希望记者们也不要报道。但是，后来记者在综合报道中还是将此事公开。

另有记者问陈光中，拒绝聘任不害怕王立军打击报复吗？陈光中表示："学者凭良心办事，当时没有考虑是否会被报复的事。"

为刑事诉讼法再修改提建议

2012年，《中华人民共和国刑事诉讼法》再次修改。

2011年春节前后，陈光中先后4次参加刑事诉讼法修改讨论会并到一些地方调研，全程参与全国人大常委会法工委召开的关于刑事诉讼法修改的专家研讨会，将他主编的《中华人民共和国刑事诉讼法再修改专家建议稿与论证》提交给全国人大常委会法工委，供其修法时参考。

陈光中为《中华人民共和国刑事诉讼法》的进一步完善提出了不少有益建议。他提出将"保障人权"写入刑事诉讼法，2012年修改的《中华人民共和国刑事诉讼法》第2条增加了"尊重和保障人权"的规定，就有他力倡人权保障之功；在刑事诉讼程序的修改中，他主张的"最高人民法院复核死刑案件，应当讯问被告人"也被立法者采纳；其他如完善侦查阶段辩护律师的地位与权利，确立非法证据排除规则等主张，也在修改后的法律中得到体现。

谈到对这部法律再修改的意见和看法，陈光中说："我对草案稿总体比较满意，确实在推进民主、法治与人权的保障上，又前进了一步。"他说："这次修改把非法证据排除规则写进去了，而以前就是一个司法解释；在证人出庭问题上，目前出庭率很低，这次重点规定了若干条保障证人出庭的措施，包括不出庭可以强制到庭，还在经费保障上也做了规定。当然，有的地方还需要进一步斟酌、修改、完善。"对于再度参与刑事诉讼法修改并发挥作用，陈光中感到满意。他说："我非常积极地参与立法，认真准备发言，有的观点也被采纳了。"

2018年《中华人民共和国刑事诉讼法（修正草案）》公布之后，陈光中通过媒体报道与发表文章，提出了若干意见供立法机关参考。有的建议被立法机关采纳，例如对值班律师职责由提供"辩护"修改为提供"法律帮助"。这部经过三次修改的《中华人民共和国刑事诉讼法》，寄托了他的关切，也融入了他的期待，有的条文更是凝聚了他的心血。

2023年9月，十四届全国人大常委会立法规划对外公布，刑事诉讼法修改列于130项立法计划中的第63项。消息一出，立即引起法学界的关注。陈光中对这次修法感到欣慰，他在鲐背之年还能有机会参与刑事诉讼法再度修改，这让他内心再一次燃起憧憬。他向中国政法大学诉讼法学研究院院长熊秋红教授建议组成一个小组，精心研议刑事诉讼法修改的内容。他决定以诉讼法学研究院为依托，为刑事诉讼法修改献计献策，如有可能，尽可能地把刑事诉讼法修改成一部比较完善的刑事诉讼法典。

助推《中华人民共和国监察法》的制定

2017年11月7日,《中华人民共和国监察法(草案)》(以下简称《监察法(草案)》)面向社会征求意见。当天,陈光中接受采访,率先提出《监察法(草案)》应当修改的5点意见。11月11日,陈光中在中国宪法学研究会和刑事诉讼法学研究会联合举办的"国家监察体制改革:宪法学与刑事诉讼法学的对话"研讨会上做了主题发言,提出关于《监察法(草案)》的8点修改意见。上述发声,他力主三点意见:

第一,现行宪法中没有监察机关的相关内容,修改宪法应先于制定监察法。《监察法(草案)》第1条规定:"为了推进全面依法治国,实现国家监察全面覆盖,深入开展反腐败工作,制定本法。"没有写明"根据宪法,制定本法",这个问题涉及草案是否具有合宪性的原则性问题。

第二,陈光中认为监察委员会独立行使职权的表述应该修改。《监察法(草案)》第10条规定:"监察机关依法独立行使监察权,任何组织和个人不得拒绝、阻碍或者干涉监察人员依法执行职务,不得对其打击报复。"其中,监察委员会独立性的表述与司法机关独立性的表述不协调,其独立性明显高于司法机关。他建议参照《中华人民共和国宪法》中法院、检察院独立行使职权的表述来规定监察机关如何独立行使职权。

第三,反腐败也应当注意保障人权,留置的适用应当严格遵循法治程序,并允许律师介入。他认为《监察法(草案)》仅规定了留置这一项限制人身自由的监察措施,过于单一,造成的后果是留置适用范围失之过宽;"有碍调查,可不通知被留置人所在单位或家属"的例外情况应当取消;应当明确规定看守所是留置的唯一场所。

陈光中的上述主张在网络上被广泛传播,产生了较大的影响。不到一周，中央有关会议就强调要"努力使每一项立法都符合宪法精神、反映人民意志、得到人民拥护"。应当说，陈光中的主张对《中华人民共和国监察法》的制定起到了积极的推动作用，有的建议直接为后来通过的《中华人民共和国监察法》所吸收。如监察法和监察机关的宪法根据很快得到确立。2018年3月11日修改后的《中华人民共和国宪法》第3条规定："国家行政机关、监察机关、审判机关、检察机关都由人民代表大会产生，对它负责，受它监督。"3月20日正式通过的《中华人民共和国监察法》第1条明确规定了宪法依据："为了深化国家监察体制改革，加强对所有行使公权力的公职人员的监督，实现国家监察全面覆盖，深入开展反腐败工作，推进国家治理体系和治理能力现代化，根据宪法，制定本法。"第4条规定："监察委员会依照法律规定独立行使监察权，不受行政机关、社会团体和个人的干涉。"

与《中国大百科全书》的不解之缘

百科全书被誉为"没有围墙的大学""众书之源"，是一个国家学术水平和文化底蕴的体现，但近代以来中国没有自己的百科全书。1978年，经历了拨乱反正，百废待兴，国家决定要编纂大百科全书。1978年5月，中央批准了《关于编辑出版〈中国大百科全书〉的请示报告》，同年11月，批准成立总编辑委员会。这是一项举全国之力的国家级工程，为做好这项工作，教育界、学术界全部被动员起来。

《中国大百科全书·法学》第一版的编写、出版工作与陈光中有很深的渊源，是他学术人生中的一个重要组成部分。从《中国大百科全书·法学》第一版及其修订版，到《中国大百科全书》第二版、第三版，陈光中均参与其中。

《中国大百科全书·法学》第一版于1979年启动，刚开始物色人选时，组织者就希望陈光中参与，当时他在人民教育出版社工作，还未回到北京政法学院。诉讼法分支主编定的是徐平任，副主编为张子培、柴发邦。虽然负责人中没有他，但诉讼法分支从条目拟定、框架安排、写作分工，特别是后来审稿、定稿，陈光中都做了大量工作。有的重点条目是直接分给他写的，有的复杂条目质量参差不齐，还找他商量或直接由他修改定稿。作为法学卷编委会委员，除了"法学"这种条目大家一起开会研究，他还参加了一些条目的审查、修改工作。

第一版法学卷中，他撰写的条目有11条，包括"刑事诉讼法""法定证据制度""古代证据制度""亲亲相隐""神明裁判""无罪推定""行刑制度""证据""证据的分类""证明对象""自由心证"，这些条目花费了他大量的时间和心血。

1982年七八月，中国大百科全书出版社把编写组安排在北京香山集体审稿。他所在的组有张国华、余叔通等人，大家在一起反复研究、讨论、修改，一心想把法学卷审查、修改好。出版社的编辑张遵修全程与他们在一起，负责安排他们的生活，同时处理大量业务工作。她文字功底深厚、责任心很强、做事很细心。

撰写条目过程中有过争议。编纂工作刚开始时，思想没那么解放，对一些属于"资产阶级"的条目，例如"自由心证""无罪推定"等到底应该怎么写，以及对"无罪推定"要不要加上批判性的评价，存在不同看法。由于大家的意见不一致，只好请示编委会主任张友渔，张老决定不采取批判态度，尽量客观叙述。这样的撰稿原则，奠定了《中国大百科全书·法学》第一版的基调，也成为后面几版承继的优良传统。

为了顺应社会形势和学术研究的发展，1998年《中国大百科全书·法学》修订工作启动。修订版由江平任主编，沈宗灵、陈光中、高铭暄任副主编，陈光中还兼任刑事诉讼法分支和司法组织分支主编。2006年1月修订版正式出版。

1995年，国务院正式批准《中国大百科全书》第二版编纂出版立项。在第二版中，陈光中担任法学学科副主编兼刑事诉讼法分支主编。

修订版和第二版没有第一版那么多的工作量，陈光中没有大量撰写条目，主要是修订条目。以第二版为例，他撰写了12条，其中新写4条，主要是有关《中华人民共和国刑事诉讼法》的内容；修改8条；还有个别是和其他作者合作进行修改。

2009年《中国大百科全书》第二版出版后，中国大百科全书出版社开始谋划编辑出版第三版。2011年，为了全面反映国家科学文化发展的最新成就，《中国大百科全书》第三版由国务院正式立项，为适应数字化、网络化的时代特点，第三版同时编辑网络版与纸质版，以网络版为主。

《中国大百科全书》第三版法学学科需要确定新的主编。经广泛调研，学界一致推荐由陈光中担任主编，出版社商请他担任法学学科主编。经过考虑，兼与学校商议，陈光中答应出任《中国大百科全书》第三版总编辑委员会委员及法学学科主编。

担任《中国大百科全书》第三版法学学科主编，是陈光中学术人生中浓墨重彩的一笔。他感受到学界和出版社的尊崇，觉得很荣幸，对这一工作也很重视。他决心圆满完成任务，把第三版法学学科工作做好。不过，要保证编写质量，做到经得起读者审视、经得起时间检验，并非易事，需要付出不少心力。接下主编任务时，陈光中表示："担子很重，但也很有意义，我将尽最大努力把它做好。"

接下主编一职后，他很快确定了黄进（时任中国政法大学校长）、王利明（时任中国人民大学常务副校长）、李林（时任中国社会科学院法学研究所所长）和吴志攀（时任北京大学常务副校长）担任法学学科副主编，黄进还兼任国际私法分支主编。

2015年7月10日，陈光中主持召开《中国大百科全书》第三版法学学科第一次编委会会议，讨论通过了《关于法学学科编纂工作若干问题的说明和意见》，正式启动编撰工作。编撰团队搭建好以后，18个分支拟出条目框架，经过反复研究协调交叉条目后，初定法学学科条目5000余条，是第二版条目的2倍多。

2017年9月8日，陈光中作为总编委会委员和法学学科主编，受邀参加第三版总编辑委员会成立大会。经过大家的不懈努力，2021年7月，法学学科首批条目在《中国大百科全书》第三版网络版平台上发布。2022年12月底，法学学科条目发布4900余条，《中国大百科全书》第三版法学科网络版工作基本完成。

第三版同时拥有网络版和纸质版，这是开创性的，以往从未有过这种做法。编撰好的条目陆续在网络上发布，后续还要出纸质版，这让陈光中感到高兴。他希望在有生之年能够尽早看到纸质版问世，这是他到了鲐背之年一个割舍不下的愿望。

司法制度史三部曲

我国司法制度历史悠久，大体分三个阶段：从秦汉到明清的古代专制阶段，近代的变法改革阶段，现代的社会主义法治阶段。

20世纪80年代，陈光中因教学需要，对我国古代司法制度做过专门研究，与沈国峰教授合著《中国古代司法制度》一书。该书于1984年出版，约15万字。90年代以后，陈光中一直有一个想法，将这本书进行全面修订、增补后再版。此后，陈光中将早已绝版的《中国古代司法制度》一书进行增改，补入挖掘出来的新史料，于2017年重新出版。新版《中国古代司法制度》一书作为中国司法制度史第一卷率先出版，篇幅扩充到42万字。与旧版相比，新版修订、增补不少内容。旧版第一章为审判组织，如今改为司法机构；第六章法庭审判改为初审程序，增加保辜制度；增补第十章民事诉讼制度，使内容更加丰满。新版除了史料大为扩充之外，还补入插图，增加阅读趣味。一册在手，不看内容，相比旧版已有一种明显的厚重感；读其内容，观其选材精当，史料翔实，更觉磅礴大气。

陈光中对古代司法制度历史的描摹，大体以司法制度的多个面向来设计其篇章结构，参照诉讼法的体例安排叙述顺序，史料的选材和分析评论，也多体现诉讼法学者的独到眼光。内容与刑事诉讼法学教材相互对应，衔接自然，这成为本书的一大特色。

书中作为代绪论的，是一篇见解精到的史评，题为"中国古代司法制度之特点及其社会背景"的综论。该文高屋建瓴，清晰勾勒了中国古代司法制度的轮廓，为深入理解我国司法制度提供了指引。陈光中在文中指出，中国古代司法制度的特点之一是君主专制司法，其产生和长期延续可归于以下社会基础和思想根源：一是私有制和家天下之必然产物；二是小农经济；三是君权神授的思想基础。重农轻商的儒家思想抑制工商业的发展，成为君主专制得以稳固的条件。在君主专制制度下，君主掌握最高司法权，司法从属于行政，施行纠问主义，这种诉讼模式倚重被告人口供，刑讯成为合法的取供方式。

除君主专制司法外，陈光中将中国古代司法制度的特点概括为贵贱尊卑不平等、仁政德治、治吏监察发达、注重公正、和谐息讼、重刑轻民。其中谈及"法中求仁",赞赏其慎刑思想,古时为防止错判错杀并使冤错案件得到平反,进行了一系列制度设计,包括控制死刑,实行"罪疑惟轻"办案原则,矜悯老幼,实行悯囚和录囚制度,亲亲相隐。这些制度体现了天命和儒家思想。

对于古代司法制度,陈光中的态度是持平公允的,他肯定制度的优良面:"4000年的中国古代司法制度史,是一部司法文明发展史,彰显明德慎刑,公正断狱,强化治吏监察,重视教化调解,凝聚着古代统治者运用司法手段治国理政的智慧和经验。"同时,他一语道破古代司法制度的弊害:"中国古代司法制度史又是一部服务于君主专制统治的历史,纠问制诉讼,刑讯逼供,供重于证,浸透着血腥气味。"

陈光中的历史观、学术态度和学者情怀贯穿本书,体现了一个基本精神,凝练为一句话就是:"我们必须以历史唯物主义的观点来研究古代司法制度,既要珍惜和传承优良的司法文明,又要批判和摈弃某些不文明的司法糟粕,鉴古观今,古为今用,以助推今日中国社会主义现代化、民主化、法治化司法制度的宏伟建设。"这表明陈光中撰写这本书的初衷——在叙述古代制度时,眼界不局限在旧制度中,力求为当代的司法发展进步提供启迪。书中记述和阐明的重要制度和思想,契合我国当前政治发展和司法改革的重大决策和重点内容,可以为当代司法制度的发展和改革提供灵感和助力。

英国哲人培根曾言:"读史使人明智。"我国古代司法制度,足可为当下的司法改革提供灵感源泉,一些制度也可古今对照观察,如直诉制度与如今的上访制度便似有血缘关系。以当代的眼光观察,古代司法制度固然存在不少缺憾,但也有一些制度即使置于今日,也未尝不可被誉为优良制度，如死刑复核与复奏制度就是值得称道的制度。

美国学者 D. 布迪和 C. 莫里斯在《中华帝国的法律》一书中评论道："中国古代的上诉制度比较复杂，其某些规定过于烦琐，其形式化的因素较多；而且这一制度的实施肯定要耗费较多的人力。尽管如此，中国古代司法制度毕竟创建了一种'正当程序'（这一正当程序与西方世界的正当程序不是一回事），而这种'正当程序'是值得中国人引以为骄傲和自豪的。"①

值得国人骄傲和自豪的，不仅有死刑案件的复核制度，还有其他一些饱含智慧的制度。在古代司法制度中，法官责任制度也有设计精当之处，值得当下法官责任制度设计者潜心研究并予以借鉴。有些早已失传的制度，掸去灰尘，能够重新焕发光彩，保辜制度就是这样一种制度。这一制度"既可以作为定罪量刑的一项标准，也可以作为调解息讼的一种方式"，指的是在殴伤人未至死的情况下，于法律规定的期限内，加害人对被害人积极治疗，待期限届满，依据被害人的伤亡情况对加害人进行定罪量刑的制度。这一制度体现了儒家"体恤慎刑"的伦理思想和"德主刑辅"的法律观念，给加害人补过机会，对于缓和及消除矛盾大有裨益，也减少了被害人伤亡的概率，为当今的刑事和解与恢复性司法提供了可供借鉴的经验。我们当下进行司法体制改革，应有足够的智慧认识到古老制度的优点，并进行创造性的改造，使古老的制度能够进行现代化转型。

对于司法制度是否包含监察制度，陈光中提出了自己的见解。他认为：古代监察制度与司法密切相关，难以分割，且独具特色，追溯该制

---

① ［美］D. 布迪和 C. 莫里斯著：《中华帝国的法律》，朱勇译，江苏人民出版社1992年版，第137页。

度的起源和发展,可谓"历史源远流长,体系严密完备",法律制度健全。古代监察机构职能广泛,乃至"无所不监",权重而独立。对于古代监察官,陈光中予以正面评价:"古代监察官能纠弹比自身品秩更高的官员,不畏权贵,一方面是由于各朝皇帝的重视,另一方面也因其被赋予了一定的独立地位与特权,并具有威严的形象,因此官吏有所畏惧。这种'位卑权重'的状态在一定时期内发挥了良好的作用,使位高者有所顾忌,不敢妄为,位卑的监察官又因无所顾忌而可以竭忠尽力。"

不过,他也指出,古代监察官权力过重,在特定条件下也会产生弊端:"在政治昏暗和无法律制度保障的情况下,监察官权重的后果也造成了权力的膨胀,逐渐向更多的行政权力靠拢,在一定时期成为地方割据势力的推手,不仅没能发挥监察地方的作用,反而破坏了中央集权,造成国家的分裂,不得不让人反思。"

陈光中在书中指出,古代监察制度,其要害是"为君主专制中央集权服务。君主依赖监察官监督中央与地方官员,并以监察官为'耳目',了解全国各地方的情况。监察官在皇帝支持下实施监察活动,所纠弹的问题最终由皇帝裁决"。中世纪的监察机关与我国新时代的监察机关有着本质不同,不过古之监察对于今之监察仍有制度上的借鉴意义。因此之故,对于古之监察机关的职能为何,除监察百官之外,对于司法和法律有无监察作用,书中皆有详细和精准的描述。我国当前中央巡视制度与古代监察机关的巡察制度,都可作颇有意味的对比。

《中国古代司法制度》可谓研究、阐述古代司法制度的传世之作,也是陈光中研究我国诉讼制度的扛鼎之作。这部大作,不但可以嘉惠士林,也可以启迪学术晚辈:为学问者,需要打破学科藩篱,切不可自我限囿。专业化不是专业窄化,专精之外应求博洽,上下五千年,纵横九万里,登高望远，焉有涯际？吾人有志于学，不但要中西兼容，还要古今贯通，才有希望成为学术大家乃至巨匠。

《中国古代司法制度》出版后，广受欢迎，2019年获批成为国家社科基金中华学术外译项目，被确定要翻译成英文、法文、俄文在海内外发行。

除了《中国古代司法制度》之外，陈光中还于2020年出版了《中国现代司法制度》（与王万华、谭秋桂、曾新华合著）。全书共计60多万字，主要记述中华人民共和国从1949年到现在几十年的历史，分若干个历史阶段进行讲述，对革命根据地时期的诉讼历程也进行了回溯，内容按司法制度分刑事诉讼、民事诉讼、行政诉讼三大部分。陈光中在序言中提到，"为了更加真实、生动地展现我国现代司法制度的发展历程，本书结合论述精选了不少案例，并附多幅图片"。第一编司法组织与刑事司法制度部分共6章，包括萌芽与源流（1921—1949）、废除与创建（1949—1957）、挫折与灾难（1957—1976）、转折与发展（1976—1996）、深化与进步（1996—2012）、新征程与新成就（2012—2018）。陈光中在序言中引用南宋理学家吕祖谦的话："观史如身在其中，见事之利害、时之祸患，必掩卷自思，使我遇此等事，当作何处之？如此观史，学问亦可以进，智识亦可以高，方为有益。"读此言，可知陈光中著此书时内心之思，现代司法制度的历程与他过去的个人经历叠合在一起，不必"如"在其中，实则身历其中，自然别有一番感情在里面。

这部记载中国现代司法制度的著作，回顾并总结了我国现代司法制度的历史发展，中华人民共和国成立到现在，有过辉煌时期，一是"五四宪法"颁布时期，二是改革开放以来法制大跨度进步的时期。中间阶段的反右派斗争、"文化大革命"时期，诉讼法制与司法均备受摧残。陈光中指出，这一历史发展过程的深刻启示，可以总结为三点：一是司法制度的发展有赖于特定的社会政治环境。近40年来，我们既立足于本国国情，又坚持改革开放，逐渐改革完善了中国特色社会主义司法制度。在未来的司法制度建设中，我们必须坚持改革开放方针，认真学习吸收域外的优秀制度和成功经验，同时，防止一概照搬照抄。二是司法制度的建设必须遵循司法规律。凡是遵守司法规律的时候，司法制度就会得到发展和完善，反之就会遭受曲折和失败。三是司法建设必须以公正为核心价值追求。他指出，几十年来我们在促进司法公正方面确实取得了很大的成就，但也仍存在明显的问题有待解决。

这本书出版时，有的章节做了文字压缩，导致个别内容语焉不详，这是让他感到美中不足之事。即便如此，此书仍然是我国司法制度历史记述和研究成果中的扛鼎之作。该书出版以后，获得高度评价。学界普遍认为该书历史视野开阔、史料准确且翔实、文笔简劲流畅，清晰描述了我国现代司法制度形成和发展的基本脉络、艰辛历程，揭示了其显著特征、基本规律、丰富内涵和鲜明特色，为思考和解决前进中的问题提供了历史经验，具有重要的启示意义，是构建中国特色社会主义司法制度话语体系和理论体系的重要著述。

《中国近代司法制度》已经撰述完成交付出版社，即将于近期面世。

《刑事诉讼法》英文版出版

陈光中主编的《刑事诉讼法》（第七版）是我国比较权威的刑事诉讼法学教科书，该书阐释了我国刑事诉讼原则、制度和程序，阐扬了现代刑事司法理念，为国内刑事诉讼法学界所推崇，国内高校许多法律院系采用这本教材作为刑事诉讼法教学之用。截至 2023 年，该书累计发行 40 余万册，是同类教科书中发行量最大的。

陈光中有一个愿望，将《刑事诉讼法学》（第七版）翻译成英文，在海外出版发行。他认为，我们不但需要了解域外的刑事诉讼法制，也应该让域外的法律界人士了解中国的刑事诉讼法制，有来有往，才可称为交流。

2023 年春夏之际，《刑事诉讼法》（第七版）英文版由美国 W.S.Hein 出版社和 Wells 公司联合出版。《刑事诉讼法》（第七版）英文版纸质版出版前，其内容已在 HeinOnline 上线。HeinOnline 是 W.S.Hein 出版社的旗舰产品，是著名的法律数据库，收录 3000 多种法学学术期刊，在全球有很大影响力。

这部译著由杨宇冠教授主持、多名中青年学者翻译。为保证翻译质量和用语的统一，组织者还特邀多伦多大学司图尔特教授对全书内容进行审校。英文版的翻译严谨、翔实，可以说是我国刑事诉讼法译介到域外最全面、最权威、最翔实的教材译著。

2023 年 7 月 29 日，中国政法大学诉讼法学研究院、科研处联合主办陈光中主编《刑事诉讼法》（第七版）英文版新书发布会。中国法学会、中国刑事诉讼法学研究会、国内外高校以及实务部门的专家学者 50 余人参加了发布会。

中国政法大学校长马怀德在发布会致辞中对陈光中先生 70 余年的教学成就表示肯定，高度评价"此次教材译著是中国政法大学重视教材编写和涉外法治宣传的表现"，他赞扬"该书是一本具有代表性的教科书，以中国刑事诉讼法和司法解释为根据，阐述了中国的刑事诉讼制度，其理论、观点阐述成熟，资料准确，在中国的法学高等教育领域，特别是刑事诉讼法学的教学中，具有代表性和权威性。该书英文版的发布是向世界各国介绍中国的刑事诉讼法和司法制度。中国的刑事诉讼制度与外国的刑事诉讼制度相比既有共性，也有本国特色。通过翻译该教材可以系统介绍中国刑事司法经验的发展和积累，达到与域外相互交流、相互学习借鉴的目的。"

陈光中在发布会上做了总结发言，提出"在对外交流中，我国学者应当在实事求是的基础上，充分宣介我国法治进步成果，推进我国与世界各国刑事诉讼法治的比较互鉴，提升中国刑事司法制度的影响力"。这里表达的殷切期待，并非空言，他用自己的行动给其他学者树立了一个榜样。他希望有更多的中国法学教材和著作能够翻译成外文，打开一扇又一扇看得见风景的窗子，让世界了解中国。

家庭生活：婚姻及孩子

大学毕业后的第二年，陈光中结婚了，妻子张一宽是北大经济系毕业的。到广西参加土改时，两人分配在一个大组（乡），有机会结识，彼此逐渐熟悉，但是两人正式恋爱还是回到北京以后。大学毕业，陈光中留校当助教，张一宽到教育部工作，工作以后还有往来，就谈起恋爱了。

1954年11月16日，陈光中的儿子陈烽出生。儿子出生后，陈光中的岳母从天津过来帮忙带孩子。他们分得的一间房子太小，一家人住就成了问题。陈光中的岳父岳母特别愿意带第一个外孙，陈光中夫妇就把孩子送到天津交给他们带大，夫妻两人一有时间就回天津探望。

陈烽上小学时，正逢"文化大革命"，没有机会正规学习过，初中时没有正规上过课，物理、化学都没有真正学习过。初中毕业后，经统一调配，他到北京郊区新成立的石油化工厂工作。那时留在北京郊区当工人是一种照顾，相当多高中毕业生、初中毕业生都参加"上山下乡"，到东北的北大荒去种地，能留在北京有一份工作，实属难得的机会。后来，陈光中夫妇下放到广西大学工作，陈烽在北京郊区的工厂里上班，吃住都在厂里，两周回一次北京城里。

陈烽在工厂里当工人，工作勤恳，得到大家赞许，被提干到生产科做科员，当上干部。后来，他到法院当书记员，又通过第一次全国律师资格统一考试，当上了律师。

陈光中的女儿陈烨于1964年出生。她大学时是学工科的，毕业以后在中国政法大学读了两年制的双学位课程。学了一年半的时候，她通过了律师资格考试。但她没有做律师，那时工商管理总局向社会招聘，她去报考，考上后做了公务员，后来被提升为司局级干部。女婿是一级注册建筑师，从事建筑设计工作，原来在北京市建筑设计院工作，后来到一家建筑公司担任总设计师。外孙女高中毕业后去美国读了本科和硕士。回国后，在北京一家外企工作。

1988年，夫人张一宽因病去世。

张一宽去世之后，经人介绍，陈光中与中国人民大学农业经济系副教授陈淑英结婚。那一年，陈光中58岁，陈淑英48岁。陈淑英有一个儿子，丈夫也是因病去世的。陈淑英脾气温和，人很善良，两人相濡以沫，家庭生活和睦、美满。

结　语

有一句隽语："青年是诗，中年是小说，老年是散文。"人到老年，会有许多回想，思考自己的一生。这个问题，中年时思考不多，那是正在拼搏奋斗、正是创造的时候，无暇翻检人生旧账。到了老年，来日无多，总要盘点自己这一生，做一点总结。

一个人不应只为自己活着，要为社会、为人类做出贡献，这是陈光中根本的人生目标，也是他价值观、人生观的核心内容。人生难百岁，要多多少少给人类、给社会留下一些有价值的东西。越到老年，他越会想这个问题：这一生，要留下什么。

要说留下什么，当然不是说要留下多少钱财。对于一个学者来说，要留下来的，应当是智识贡献或精神财富。陈光中教授早就有这种自觉意识，那个白泉村的少年，一路走来，栉风沐雨，由青年到中年，再到耄耋之年、鲐背之年，这一生不是白来一遭的。他要为这个世界留下自己的一份知识财富，他主动在这方面做出种种努力。这一想法，坚定而朴实。

在学术研究上，陈光中教授保持了一辈子的习惯是不断思考，笔耕不辍，只要有时间就会写一些东西，特别是在专业学术领域。这个习惯使他终身受益,即使到了90岁高龄,他依旧坚持,每年都发表一些文章。2010~2019年,陈光中教授共发表文章(包括合著)123篇,汇编成《陈光中法学文选(第四卷)——司法改革与刑事诉讼法修改》专著。从2020年开始,由于身体状况不好,他写东西、看资料有困难,身不由己,写文章才有所减少。

陈光中教授70岁生日那天,几位门生同先生小酌。先生兴致很高,感慨平生,令在座的弟子无不动容。

年已八秩之时,陈光中教授不由自主思考这样一个问题:"80后"之路怎么走?他说:"人生难百岁,国事虑千年。颐养天年非我愿,老树新芽慰我心。但自然规律无法抗拒,我现在听力下降,视力衰退,伏案写作已难持久。所幸身体基本健康,头脑还清醒,思维尚活跃,如果有人当助手,希冀有所作为。"

岁月荏苒,陈光中教授年已九旬,他的日常生活变得越来越有节律。虽然年事已高,但对于新生事物,陈光中仍保持旺盛的兴趣。他熟悉微信,也会使用滴滴出行等信息工具,喜欢在师生群里发言,鼓励学生交流不同的想法。

如今,陈光中教授头脑依旧灵活,思维依旧缜密,他仍然关心他一直为之努力的目标,对于刑事诉讼法学、证据法学和国家监察法学始终抱着探索精神。在《陈光中法学文选(第四卷)——司法改革与刑事诉讼法修改》中,他慨言:"人生难百岁,法治千秋业。倘若九旬之后,能再为国为民做最后一点贡献,则此生我愿足矣!"

心事数茎白发,生涯一片青山。回顾过去,陈光中教授感慨不已。他写过一首诗,对自己一生的事业追求进行了概括:

风雨阳光八十秋,
未敢辜负少年头。
伏生①九旬传经学,
法治前行终生求。

---

① 伏生,秦汉时期儒学家。

附　录

陈光中教授主要荣誉与获奖情况

1. 1987 年,《刑事证据理论》(与张子培等合著)获北京市首届哲学社会科学优秀成果二等奖。

2. 1991 年,获国务院政府特殊津贴。

3. 1996 年,《中华人民共和国刑事诉讼法修改建议稿与论证》(第一主编)获北京市第四届哲学社会科学优秀成果特等奖。

4. 1998 年,《中华人民共和国刑事诉讼法修改建议稿与论证》(第一主编)获教育部第二届普通高等学校科学研究优秀成果奖(人文社会科学)法学一等奖。

5. 2001 年 10 月 17 日,被聘为中国政法大学终身教授。

6. 2002 年,《刑事诉讼法》(修订版,第一主编)获司法部法学教材与法学优秀科研成果一等奖。

7. 2004 年 11 月,获英国文化委员会颁发的"英中文化交流奖"。

8. 2009 年 4 月,被遴选为首批"当代中国法学名家",并被收入《当代中国法学名家》。

9. 2009年7月，被评为2008—2009学年中国政法大学科研单位总支优秀共产党员。

10. 2009年9月，《刑事和解初探》（第一作者）获教育部第五届高等学校科学研究优秀成果奖（人文社会科学）论文类二等奖。

11. 2011年12月，《刑事诉讼法（第四版）》（主编）获2011年北京高等教育精品教材奖。

12. 2012年9月，获中国法学会"全国杰出资深法学家"称号。

13. 2012年10月，《中国司法制度的基础理论问题研究》（陈光中等著）获北京市第12届哲学社会科学优秀成果奖特等奖。

14. 2013年10月，《刑事诉讼法（第四版）》（主编）被评为2013年北京高等教育经典教材。

15. 2015年12月，《关于深化司法改革若干问题的思考》（第一作者）获教育部第七届高等学校科学研究优秀成果奖（人文社会科学）法学论文类二等奖。

16. 2018年10月，被中国刑事诉讼法学研究会授予中国刑事诉讼法学"终身成就奖"。

17. 2018年10月，获《中国新闻周刊》"影响中国见证40年·法治人物"奖。

18. 2018年12月，获中国政法大学2015—2017年度科研影响力大奖。

陈光中教授主要论著

主要专著

1.《刑事证据理论》（合著），群众出版社1982年版。

2.《中国古代司法制度》（合著），群众出版社1984年版。

3.《外国刑事诉讼程序比较研究》（主编），法律出版社1988年版。

4.《中华人民共和国常用法律疑难条文释义》（与顾明、祝铭山、黄曙海、许崇德共同主编），中国劳动出版社1992年版。

5.《中国刑事诉讼程序研究》（主编），法律出版社1993年版。

6.《中华法学大辞典·诉讼法学卷》（主编），中国检察出版社1995年版。

7.《中华人民共和国刑事诉讼法修改建议稿与论证》（第一主编），中国方正出版社1995年、1999年版。

8.《中华人民共和国刑事诉讼法释义与应用》（第一主编），吉林人民出版社1996年版。

9.《刑事诉讼法（修正）实务全书》（主编），中国检察出版社1997

年版。

10.《联合国刑事司法准则与中国刑事法制》（主编），法律出版社1998年版。

11.《有中国特色的马克思主义法学》（合著），群众出版社1998年版。

12.《金融欺诈的预防和控制》（主编），中国民主法制出版社1999年版。

13.《刑事诉讼法学五十年》（主编），警官教育出版社1999年版。

14.《刑事诉讼法实施问题研究》（主编），法制出版社2000年版。

15.《陈光中法学文集》，中国法制出版社2000年版。

16.《中德不起诉制度比较研究》（主编），中国检察出版社2002年版。

17.《〈公民权利和政治权利国际公约〉批准与实施问题研究》（主编），中国法制出版社2002年版。

18.《中德强制措施国际研讨会论文集》（主编），中国人民公安大学出版社2003年版。

19.《中华人民共和国刑事证据法专家拟制稿（条文、释义与论证)》（主编），中国法制出版社2004年版。

20.《审判公正问题研究》（主编），中国政法大学出版社2004年版。

21.《21世纪域外刑事诉讼立法最新发展》（主编），中国政法大学出版社2004年版。

22.《刑事再审程序与人权保障》（主编），北京大学出版社2005年版。

23.《中国司法制度的基础理论问题研究》（主编），北京大学出版社2005年版。

24.《〈公民权利和政治权利国际公约〉与我国刑事诉讼》（主编），商务印书馆2005年版。

25.《〈联合国反腐败公约〉与我国刑事诉讼法再修改》（主编），中国人民公安大学出版社2006年版。

26.《中国大百科全书法学卷（修订版）》（副主编，并任"刑事诉讼法"分支和"司法组织"分支主编），中国大百科全书出版社2006年版。

27.《刑事一审程序与人权保障》（主编），中国政法大学出版社2006年版。

28.《中华人民共和国刑事诉讼法再修改专家建议稿与论证》（主编），中国法制出版社2006年版。

29.《公正与律师制度》（第一主编），北京大学出版社2006年版。

30.《比较与借鉴——从各国经验看中国刑事诉讼法改革路径》（第一主编），中国政法大学出版社2007年版。

31.《联合国打击跨国有组织犯罪公约和反腐败公约程序问题研究》（主编）中国政法大学出版社2007年版。

32.《中国司法制度的基础理论问题研究》（主编），经济科学出版社2010年版。

33.《陈光中法学文选（三卷）》，中国政法大学出版社2010年版。

34.《ChenGuangzhong: Selected Works on Law》，中国政法大学出版社2010年版。

35.《中国刑事二审程序改革之研究》（合著），北京大学出版社2011年版。

36.《〈中华人民共和国刑事诉讼法〉修改条文释义与点评》（主编），人民法院出版社2012年版。

37.《论检察》，中国检察出版社2013年版。

38.《非法证据排除规则实施问题研究》（主编），北京大学出版社

2014 年版。

39.《读懂刑事诉讼法》（合著），江苏人民出版社、江苏凤凰美术出版社 2015 年版。

40.《中国法治百年经纬》（合著），中国民主法制出版社 2015 年版。

41.《中国古代司法制度》，北京大学出版社 2017 年版。

42.《司法改革问题研究》（合著），法律出版社 2018 年版。

43.《公正审判与认罪协商》（主编），法律出版社 2018 年版。

44.《陈光中法学文选（第四卷）——司法改革与刑事诉讼法修改》，中国政法大学出版社 2020 年版。

45.《中国现代司法制度》（合著），北京大学出版社 2020 年版。

主要教材

1.《中华人民共和国刑事诉讼教学大纲》（参写证据部分），中国人民大学审判法教研室、北京政法学院刑事诉讼教研室编订，法律出版社 1956 年版。

2.《刑事诉讼法》（主编），中华全国律师函授中心 1988 年版。

3.《律师学教程》（主编），中国政法大学出版社 1988 年版。

4.《刑事诉讼法学》（主编），中国政法大学出版社 1990 年、2002 年版。

5.《公证与律师制度》（主编），北京大学出版社 1991 年版。

6.《中国法律教程》（主编），法律出版社 1991 年版。

7.《法学概论》（主编），中国政法大学出版社 1996 年、2000 年、2007 年、2013 年、2016 年版。

8.《刑事诉讼法学（新编)》(主编)，中国政法大学出版社1996年版。

9.《新编全国律师资格考试案例分析题集》(主编)，法律出版社1997年版。

10.《刑事法学（修订本)》(主编)，法律出版社1998年版。

11.《法律基础》(主编)，北京出版社1999年版。

12.《刑事诉讼法学案例选编》(主编)，中国城市出版社2001年版。

13.《刑事诉讼法》(主编)，北京大学出版社、高等教育出版社2002年、2005年、2009年、2012年、2013年、2016年、2021年版。

14.《刑事诉讼法学》(主编)，中国人民公安大学出版社、人民法院出版社2004年版。

15.《公证与律师制度》(主编)，北京大学出版社2000年、2006年版。

16.《刑事诉讼法教学案例》(主编)，法律出版社2007年版。

17.《证据法学》(主编)，法律出版社2011年、2013年、2015年、2019年版。

代表性论文

1.《苏联的辩护制度》，载《政法研究》1955年第2期。

2.《刑事诉讼法修改刍议》(合著)，载《中国法学》1995年第4-5期。

3.《联合国〈公民权利和政治权利国际公约〉与我国刑事诉讼》(合著)，载《中国法学》1998年第6期。

4.《刑事证据制度与认识论——兼与误区论、法律真实论、相对真实论商榷》(合著)，载《中国法学》2001年第1期。

5.《论刑事诉讼的"中立"理念——兼谈刑事诉讼制度的改革》(合著),载《中国法学》2002年第2期。

6.《中国刑事强制措施制度的改革与完善》(合著),载《政法论坛》2003年第5期。

7.《刑事诉讼法再修改之基本理念——兼及若干基本原则之修改》,载《政法论坛》2004年第3期。

8.《论我国刑事审判监督程序之改革》(合著),载《中国法学》2005年第2期。

9.《〈联合国反腐败公约〉与刑事诉讼法再修改》(合著),载《政法论坛》2006年第1期。

10.《刑事和解初探》(合著),载《中国法学》2006年第5期。

11.《刑事诉讼法再修改若干问题之展望》,载《法学》2008年第6期。

12.《诉讼真实与证明标准改革》(合著),载《政法论坛》2009年第29卷第2期。

13.《侦查阶段律师辩护问题研究——兼论修订后的〈律师法〉实施问题》(合著),载《中国法学》2010年第1期。

14.《刑事证据制度改革若干理论与实践问题之探讨——以两院三部〈两个证据规定〉之公布为视角》,载《中国法学》2010年第6期。

15.《刑事诉讼法再修改视野下的二审程序改革》(合著),载《中国法学》2011年第5期。

16.《论刑事诉讼中的证据裁判原则——兼谈〈刑事诉讼法〉修改中的若干问题》(合著),载《法学》2011年第9期。

17.《比较法视野下的中国特色司法独立原则》,载《比较法研究》2013年第2期。

18.《关于深化司法改革若干问题的思考》（合著），载《中国法学》2013年第4期。

19.《论无罪推定原则及其在中国的适用》（合著），载《法学杂志》2013年第34卷第10期。

20.《如何理顺刑事司法中的法检关系》，载《环球法律评论》2014年第36卷第1期。

21.《严防冤案若干问题思考》（合著），载《法学家》2014年第1期。

22.《非法证据排除规则实施若干问题研究——以实证调查为视角》（合著），载《法学杂志》2014年第35卷第9期。

23.《审判中心与相关诉讼制度改革初探》（合著），载《政法论坛》2015年第33卷第2期。

24.《司法责任制若干问题之探讨》（合著），载《中国政法大学学报》2016年第2期。

25.《深化司法改革与刑事诉讼法修改的若干重点问题探讨》（合著），载《比较法研究》2016年第6期。

26.《认罪认罚从宽制度若干重要问题探讨》（合著），载《法学》2016年第8期。

27.《我国监察体制改革若干问题思考》（合著），载《中国法学》2017年第4期。

28.《关于〈监察法（草案）〉的八点修改意见》（合著），载《比较法研究》2017年第6期。

29.《刑事诉讼法修正草案：完善刑事诉讼制度的新成就和新期待》（合著），载《中国刑事法杂志》2018年第3期。

30.《动态平衡诉讼观之我见》，载《中国检察官》2018年第13期。

31.《刑事辩护法律援助制度再探讨——以〈中华人民共和国法律援助法（草案）〉为背景》（合著），载《中国政法大学学报》2021年第4期。

32.《我国逮捕与羁押制度改革若干问题探讨》（合著），载《中国法学》2023年第5期。

陈光中年表

1930 年
4月21日，出生于浙江省永嘉县白泉村。

1937 年
春，就读于永嘉县白泉小学。1942年以第一名成绩毕业。

1942 年
就读于永嘉县私立济时中学。

1945 年
以第一名的成绩考入永嘉县立中学（今温州第二高级中学）学习。

1946 年
转学到浙江省立温州中学（今温州中学）高中二年级学习。

1948 年
春，毕业于温州中学。
夏，以奖学金名额考取清华大学法律系、中央大学（今南京大学）法律系。
9月，就读于中央大学法律系。

1949 年
寄读于中山大学法律系，参加地下党领导的读书会活动。

1950 年

3 月，被批准加入新民主主义青年团，担任中山大学法学院团总支宣传委员。

夏，经在广州考试，转学到北京大学法律系学习。

1951 年

秋，去广西柳城县参加近一年的土地改革运动，总结时荣立二等功。

1952 年

7 月，毕业于北京大学法律系，留校在法律系任助教。

9 月，与北大法律系全体师生一起调整到新成立的北京政法学院工作。担任北京政法学院第六班副班主任，约半年。

1953 年

调到教研室从事法律业务教学工作，后被分配从事刑事诉讼法教学工作。

1955 年

担任苏联专家楚贡诺夫的助手，协助其教学，并跟随其攻读"副博士"学位（试点性质，后因反右运动开始而中断）。

首次在国家唯一法学杂志《政法研究》发表论文《苏联的辩护制度》。

1956 年

被评为讲师。

参与编写司法部组织的第一本中国刑事诉讼法教学大纲和教材（分工担任证据部分）。

1957 年

因在整风反右中"有问题"，被下放到北京郊区清河营劳动。

1958 年

因整风反右中"犯严重右倾错误"被开除共青团团籍。

1959 年

调到法制史教研室，参加编写中国法制史教材并为政治教育系本科生讲授中国古代史，至 1964 年。

1964 年

下半年至 1966 年 5 月，先后到四川省郫县（今成都市郫都区）、河北省香河县参加两期"四清"运动。

1966 年
作为"漏网右派"被审查批判。

1971 年
被下放到安徽省濉溪县"五七干校"劳动。

1972 年
同妻子一同被下放到广西大学工作。在中文系、哲学系担任近代史、哲学史教学工作,约 7 年。

1978 年
在广西大学被评为副教授。
被调回人民教育出版社编写中学《中国历史》(古代部分)教科书。在北京政法学院兼职授课。

1979 年
北京政法学院党委撤销了 1958 年所做的"犯严重右倾错误"的处分。

1981 年
7 月 16 日,被批准加入中国共产党。

1982 年
2 月,与张子培等 5 人合著的《刑事证据理论》出版,此为新中国第一部诉讼证据学专著,后获北京市首届哲学社会科学优秀成果二等奖。
9 月,被调到中国社会科学院法学研究所任刑法室主任。

1983 年
8 月,被调回中国政法大学,任研究生院副院长。

1984 年
9 月,《中国大百科全书·法学卷》出版,担任法学卷编辑委员会委员。
10 月,被选为中国法学会诉讼法学研究会第一届干事会总干事;与沈国峰合著的《中国古代司法制度》出版,此为新中国第一本古代司法制度史专著。
11 月 24 日至 12 月 7 日,率刑事诉讼法学课题组访问日本,此为首次出国。

1986 年
被聘任为国务院第二届学位委员会法学学科评议组成员。
被国务院学位委员会批准为全国第一位诉讼法学博士生导师。

1987 年

被评为教授。

1988 年

1月，主编的《外国刑事诉讼程序比较研究》出版。新中国第一本研究外国刑事诉讼法程序的专著。

6月27日，被任命为中国政法大学常务副校长。

1990 年

上半年，以常务副校长名义主持学校行政工作。

1991 年

5月，当选中国法学会第三届副会长。

9月，被聘为全国哲学社会科学法学规划小组成员。

10月，获国务院政府特殊津贴。

1992 年

5月16日，被任命为校长。

11月，率大陆法学家代表团赴台北参加海峡两岸法学学术交流会。

1993 年

8月，主持在北京举办的海峡两岸法学研讨会。

10月，受全国人大常委会法工委委托，组织成立研究小组，起草刑事诉讼法修改建议稿。

11月，率修改刑事诉讼法研究小组访问法、德、意等国，考察其刑事诉讼制度。

1994 年

4月，卸任校长职务，继续在中国政法大学担任教授、博士生导师。

7月，《中华人民共和国刑事诉讼法修改建议稿》完成，送交全国人大常委会法工委参考。

11月，组织召开刑事诉讼法国际研讨会。在会上做了"国际刑事诉讼法发展趋向与我国刑事诉讼法修改之展望"的主题发言。

1995 年

1月，应邀在法国巴黎第十一大学律师培训学院讲学1个月。

7月，作为第一主编的《中华人民共和国刑事诉讼法修改建议稿与论证》出版。

10月，率10位学者专家赴我国台湾地区，与台湾大学法学院联合举办海峡两岸刑事诉讼法学术研讨会。

12月，创建中国政法大学刑事法律研究中心，任中心主任；代表刑事法律研究中心和加拿大刑法改革与刑事政策国际中心签订协议，合作研究出版《联合国刑事司法准则与中国刑事法制》一书。

1996 年

1 月 16 日至 19 日，参加刑事诉讼法修改最后一次座谈会，会上做了关于审判方式改革的发言。

3 月 17 日，中央电视台《东方之子》栏目作个人深度报道。这是该节目第一次对法学家的报道。

1997 年

1 月，连任中国法学会第四届副会长。

3 月，与司法部法律援助中心负责人一行 4 人赴英考察英国法律援助制度。

9 月，访问德国马普刑事司法研究所，双方签订《中德不起诉制度比较研究》合作协议。2001 年《中德不起诉制度比较研究》中文版出版。

12 月，被聘为国家教育委员会新建立的高等学校人文社会科学研究专家咨询委员会委员。

1998 年

3 月，率专家团赴英对英国刑事诉讼制度作系统考察，历时 20 天。回国后以中国政法大学刑事法律研究中心名义发表了考察报告《英国刑事诉讼制度的新发展》。

12 月 22 日，参加修改宪法专家座谈会并发言。

1999 年

5 月，被聘为最高人民法院特邀咨询员。

6 月，被聘为最高人民检察院专家咨询委员会委员。

10 月 17 日至 30 日，应耶鲁大学法学院中国法律研究中心邀请，率 5 人参加美中刑事法律研讨会，会上做《中国审判方式改革》学术报告。

2000 年

1 月，与耶鲁大学法学院中国法律研究中心主任葛维宝教授签订《关于"刑事证据立法研究"》合作协议。

5 月 26 日，举办陈光中教授 70 华诞庆祝会暨证据法学研讨会。

10 月，担任中国政法大学诉讼法学研究中心名誉主任。

11 月，代表刑事法律研究中心与英国大使馆文化教育处共同召开中英量刑问题研讨会。

12 月 28 日，被《法制日报》报道为本世纪中国不同时代的法学家代表之一。

2001 年

春，应邀到中国澳门大学法学院给研究生讲课 1 周，后被正式聘为兼职教授。至 2009 年春每年去讲课 1 周。

8 月，率 9 名中方专家参加在耶鲁大学法学院中国法律研究中心召开的刑事证据法研讨会。

10 月 17 日，被聘任为中国政法大学终身教授。

2002 年

5 月 6 日至 7 日，主持召开刑事证据法国际研讨会，并做主题演讲。

6 月，在北京主持召开中美刑事证据座谈会。

9 月，率团访问俄罗斯、瑞典、丹麦，考察三国刑事司法改革近况。

10 月，作为第一主编的《刑事诉讼法学》教材（修订版）获司法部法学教材与法学优秀科研成果一等奖。

12 月，被聘任为《中国大百科全书》第二版法学学科副主编及刑事诉讼法和司法组织两分支主编。

2003 年

2 月，在北京主持召开中德强制措施国际研讨会。

9 月 12 日，参加宪法修改专家座谈会并发言。

11 月，被聘为中国法学会第一届学术委员会副主任。

12 月，担任首席专家的课题组，在竞标中取得教育部哲学社会科学研究重大攻关项目《中国司法制度的基础理论问题研究》。

2004 年

1 月 26 日至 27 日，在北京主持召开《公民权利和政治权利国际公约》的批准对我国刑事诉讼立法、司法之影响研讨会。

6 月，被聘为教育部首届社会科学委员会委员、法学组召集人之一。

9 月 12 日至 19 日，担任第十七届国际刑法学大会组委会副主席，并担任《刑事诉讼原则在纪律程序中的适用》专题分会中方召集人。

11 月 2 日至 3 日，在北京主持召开刑事再审程序国际研讨会。会后于 2005 年 4 月出版专著《刑事再审程序与人权保障》；21 日至 30 日，率团访问日本，考察日本刑事司法制度改革；获英国文化委员会"英中文化交流奖"。

2005 年

6 月，担任编辑委员会主任委员之一的《当代中国法学名家》出版。

2006 年

5 月 20 日，被聘为中国政法大学证据科学研究院（教育部重点实验室）名誉院长。

6 月 23 日至 25 日，与中国社会科学院法学研究所、美国纽约大学法学院在京共同主持召开比较刑事诉讼国际研讨会。作了《〈刑事诉讼法再修改专家建议稿〉重点问题概述》的主题发言。

9 月，主编的《中华人民共和国刑事诉讼法再修改专家建议稿与论证》出版；被聘任为中国法学会刑事诉讼法学研究会名誉会长。

2007 年

6月19日至21日，率课题组赴加拿大参加中加刑事司法改革合作座谈会和刑事法国际研讨会，在会上分别作《中国刑事诉讼法再修改》和《中国刑事证据制度改革》的发言。

2008 年

3月，在《中国社会科学》作为第一作者发表论文《国家刑事赔偿制度改革若干问题探讨》。

5月，组织成立澳门刑事诉讼法修改研究组，对澳门刑事诉讼法修改涉及的6个重点问题进行研究，形成修改建议稿。

10月，带领研究小组成员及秘书共8人赴澳门特别行政区参加《澳门刑事诉讼法》修改座谈会。这是内地专家首次参与港澳部门立法修改。

12月，作为首席专家主持的课题项目《中国司法制度基础理论问题研究》书稿通过教育部社科司组织的专家组评审鉴定；被教育部续聘为社会科学委员会第二届委员、法学部召集人。

2009 年

1月，被聘任为中国法学会学术委员会副主任。

4月，被聘任为第二届社会科学委员会委员，并担任法学学部召集人之一。

8月，主编的《中华人民共和国刑事诉讼法再修改专家建议稿与论证》获司法部哲学社会科学类著作二等奖。

11月，作为第一作者的《刑事和解初探》获教育部第五届高等学校科学研究优秀成果奖（人文社会科学）论文类二等奖。

12月16日，应邀为最高人民检察院检察委员会委员讲课，题为"刑事诉讼法修改与检察机关相关职能的完善"。

2010 年

2月8日，被最高人民法院聘为第三届特邀咨询员。

3月28日至29日，赴台参加海峡两岸法学交流二十周年纪念研讨会，并做了题为"炎黄子孙总是情"的发言。

4月21日，举办陈光中教授八十华诞庆祝会暨《陈光中法学文选》（三卷）首发会；22日至23日，主持召开刑事二审程序改革国际研讨会，并就实证试点的总结做主旨发言。

9月18日至20日，参加首届海峡两岸法学院校长论坛并发言。

10月26日，参加中国政法大学诉讼法学研究中心揭牌十周年暨中国特色诉讼法制发展与完善研讨会并发言。

12月，被日本立命馆大学《立命馆法学评论（国际版）》杂志续聘担任学术顾问；被"法治的力量：十年法治人物颁奖盛典"评为全国六大法学大家之一。

2011年

1月19日至20日、2月16日至17日、5月25日至26日参加全国人大常委会法工委刑事诉讼法修改研讨会并发言。

3月9日，主持召开教育部社科委员会法学学部主办的"法学战略规划研究"课题组第一次全体成员会议并发言。

5月8日至9日，参加香港中文大学法律学院主办的中国刑事司法制度比较研究国际学术会议并发言。

9月22日，参加台湾地区高雄大学主办的第二届海峡两岸法学院校长论坛并做主题报告。

10月9日，向原白泉小学捐赠10万元并动员乡亲捐资设立"永嘉县陈光中教育基金会"。

11月18日，参加全国人大法制工作委员会以及法律委员会联合召开的第一次《刑事诉讼法修改草案》征求意见座谈会并发言。

2012年

2月10日，参加最高人民法院特邀咨询员座谈会。

4月23日，参加刑事诉讼法修改与未成年诉讼程序研讨会，并做题为"刑事诉讼法修改的重大进步与未成年人诉讼程序特点"的主旨发言。

5月16日，参加中国政法大学60华诞庆祝大会；21日，赴香港特别行政区做关于刑事诉讼法修改的讲解报告，并解答记者提问。

6月，主编的《刑事诉讼法》获北京市教育委员会颁发的精品教材奖；14日，参加《社区矫正法草案》征求意见座谈会。

9月，荣获中国法学会评选的"全国杰出资深法学家"称号（全国25名）。

10月8日，《中国司法制度的基础理论问题研究》获北京市第12届哲学社会科学优秀成果奖特等奖。

2013年

1月10日，参加全国检察长会议并发言。

6月29日，参加中国政法大学研究生院成立30周年座谈会。

7月21日，参加海峡两岸司法实务研讨会，并提交题为"论不得强迫自证其罪原则"的论文。

9月25日，参加关于《最高人民法院关于开展轻微刑事案件特别程序改革试点工作的指导意见（建议稿）》的座谈会，并在会后提交书面修改建议、意见。

10月，主编的《刑事诉讼法》（第四版）获北京市教育委员会评选北京高等教育经典教材奖、中国大学出版社图书奖优秀教材奖二等奖；14日至15日，参加最高人民法院召开的第六次全国刑事审判工作会议。

11月28日，主持召开非法证据排除规则实施研讨会，并代表课题组作项目结项报告（由郭志媛教授具体讲解）。该报告产生了广泛的影响，对非法证据排除规则的完善起到了推动作用；29日至30日，以中国法学会学术委员会副主任身份参加中国法学会第七次全国会员代表大会。

12月6日，在德国弗莱堡参加中国法律研究中心挂牌仪式暨中国刑事司法现代化国际会议，并做了题为"中国刑事辩护制度的改革"的主题演讲。

2014年

1月12日至15日，率考察小组赴澳门特别行政区对廉政公署、司法警察局进行考察，并在澳门大学做关于中国内地司法改革的演讲。

2月12日，参加最高人民法院特邀咨询员座谈会。

5月17日，参加司法文明协同创新中心创新团队首席科学家第一次全体会议，当选学术委员会主任。

7月1日至4日，参加最高人民检察院大检察官研讨班，并在征求意见会上发言。

8月28日至29日，参加美国加州大学戴维斯分校法学院主办的庭审中心与传闻证据规则交流座谈会。

9月1日至3日，以国际刑法协会中国分会名誉会长身份参加巴西里约热内卢州法院主办的第19届国际刑法大会。

11月28日，参加最高人民检察院专家咨询委员座谈会，并做"审判中心与检察工作"的发言。

12月6日，参加中国大学智库论坛2014年年会，并做主旨发言、提交咨询报告。

2015年

1月24日，参加依法治国背景下的诉讼法学研究展望研讨会，并做"法治以民主为前提以公正为生命线"的主题发言。

5月5日，参加聂树斌案座谈会并发表意见；21日就专业法医问题召开会议，形成《聂树斌案法医问题咨询交流会内容纪要》，提交有关司法部门参考，对聂树斌案件的平反起到了较大作用；23日，参加少年司法与综合保护研讨会并发言。

6月1日，被聘为《中国大百科全书》第三版法学学科主编。

7月10日，主持召开《中国大百科全书》第三版法学学科第一次编委会会议。

10月15日至16日，参加外交部主办的中美法律交流会并发言。

11月7日至8日，参加中国刑事诉讼法学研究会年会，做主题发言"修正案形式——刑事诉讼法新修改的现实途径"；11日，被聘为温州大学法政学院名誉院长、兼职教授。

12月1日，与龙宗智教授合著的《关于深化司法改革若干问题的思考》一文获教育部第七届高等学校科学研究优秀成果奖（人文社会科学）法学论文类二等奖；5日，与德国慕尼黑大学教授B.许乃曼教授共同做"刑事审判中的直接言词原则"演讲。

2016年

3月21日，参加最高人民检察院《人民检察院组织法修改专家建议稿》专题研讨会；31日，参加中国法学会《人民法院组织法》修改建议稿专家座谈会。

5月12日，财新网发表"陈光中谈雷洋案：建议最高检督办北京市检主导"；27日，在第十四期中国法学创新讲坛做主题演讲《公正与真相：现代刑事诉讼的核心价值观》。

7月29日，参加2016年海峡两岸司法实务研讨会并致开幕词。

8月16日，撰写《完善认罪认罚从宽制度若干看法和建议》，刊登于《司法文明协同创新中心成果要报》第34期，于11月被教育部智库内刊采纳。

9月12日，中国教育频道一套播出专题节目："法治天下：司法先驱陈光中"；13日，中央电视台一套播出专题节目："天平上的人权"，介绍了陈光中在追求法治事业道路上的卓越贡献；30日，参加司法案例研究院揭牌暨中国司法案例网开通会议并被聘任为最高人民法院司法案例研究院首批专家委员会主任。

10月15日，主办完善刑事庭审的证人出庭制度研讨会。

12月14日至17日，率10位刑事诉讼法学教授赴德国参加德中刑事诉讼法学高端论坛。

2017年

2月12日，参加《环球法律评论》编辑部主办的监察体制改革与法治学术研讨会，并做主旨发言《我国监察体制改革的几点看法》。

3月6日，《今日中国》授予陈光中等20位学者"全国杰出资深法学家"称号；28日，参加治国理政新理念新思路新战略与法治实施专题论坛，并就监察调查与刑事侦查关系问题做了发言；参加国家监察与审计法治学术研讨会，并做主题发言《我国监察体制改革法治化的三个问题》。

5月27日，参加"于欢案"二审开庭专家观摩，在庭审后参加专家会谈。

6月8日至9日，在华东政法大学举办"监察委改革与刑事诉讼法""监察制度的古今之变"专题讲座受邀参加上海交通大学法学院15周年院庆典礼，并发表主旨演讲《我国监察制度改革的几个问题》。

7月15日至16日，参加"理论与实践：以审判为中心的诉讼制度改革"研讨会，并做开幕式致辞。

8月4日至5日，参加教育部社会科学委员会法学学部2017年度工作会议暨重点研究基地（法学类）主任联席会议，主持开幕式和年度工作会议全体会议第二单元议程。

9月8日，参加《中国大百科全书》第三版总编辑委员会成立大会；13日至14日参加中德刑事诉讼法学高端论坛，做开幕式致辞，并做学术演讲《审判公正与证人出庭问题》。

11月11日，参加中国法学会宪法学研究会和中国刑事诉讼法学研究会联合主办的国家监察体制改革：宪法学与刑事诉讼法学的对话研讨会，做主题演讲，对公布的《监察法草案》发表8点修改意见。

12月11日，举办《中国古代司法制度》新书发布会暨中国古代司法制度的传承与借鉴座谈会，并做主题发言。

2018年

1月11日，参加由中国法学会主办的改革开放和依法治国40周年座谈会。

5月22日，为中国政法大学诉讼法学研究院和刑事诉讼法学研究所联合主办的《刑事诉讼法（修正草案）》研讨会提供书面修改建议；23日，参加动态平衡诉讼观理论与实践研讨会，并做主旨发言。

10月20日，参加中国刑事诉讼法学研究会年会，被授予"中国刑事诉讼法学终身成就奖"；29日至31日，带领国家司法文明协同创新中心团队赴浙江进行"监察与公检法在工作上的协调衔接问题"专题调研。

11月4日，为"第四届陈光中诉讼法学优秀学位论文报告会暨颁奖典礼"致开幕辞、闭幕辞；17日参加中德刑事诉讼法学学术沙龙——中德刑事诉讼中的审前羁押问题，并做主题发言；18日，参加"与改革开放同行——中国大百科全书出版社成立40周年暨中国百科出版事业发展座谈会"。

12月15日，参加由中国新闻周刊杂志社主办的"影响中国"2018年度人物荣誉盛典，获得"见证40年·法治人物"奖；17日，参加由中国政法大学主办的第七届本科生"创新论坛"颁奖典礼暨高端学术论坛之聚焦刑事诉讼法修改，并主讲刑事诉讼法修改相关问题；29日，出席中国政法大学诉讼法学研究院举办的纪念改革开放四十周年诉讼法学发展四十年座谈会并做主旨发言；获"中国政法大学科学研究突出贡献奖·2015—2017年度科研影响力大奖"，并就"治学的主要体会：文以载道，学以致用"做主题感言。

2019年

1月25日，参加《中国法学大事记：1978～2018》发布会暨新时代中国法学创新发展学术研讨会，并做总结讲话。

3月22日，参加洪范法律与经济研究所主办的刑事诉讼中民营企业权益保护研究论坛，并做主旨发言。

7月20日，参加教育部社会科学委员会法学学部2019年度工作会议暨教育部人文社会科学重点研究基地（法学类）主任联席会议，并做主持、发言。

9月23日至27日，在中德刑事法研讨会上提交论文《中国法律援助辩护问题的探索》。

10月，《中国古代司法制度》获得中国社会科学基金办公室批准，成为重点外文翻译项目。

11月21日，"陈光中诉讼法学奖学基金会"获紫光集团有限公司捐资人民币500万元，参加捐赠签约仪式并做感谢辞。

12月4日，中国教育电视台"法治天下"栏目播出《走向公平正义——疑罪从无》，介绍了陈光中教授在"疑罪从无写入《刑事诉讼法》"上做出的贡献；7日，主持召开中国监察制度改革内部研讨会。

2021年

7月10日，在《中国政法大学学报》发表论文《刑事辩护法律援助制度再探讨——以《中华人民共和国法律援助法（草案）》为背景》（与博士生褚晓囡共同合作，为第一作者）；20日，参加刑事诉讼法学新发展与教学方法高级研讨会，并以"监察司法改革的若干问题"为题开讲研讨会第一课。

8月27日，应邀出席最高人民检察院第十检察厅举行的郑某某申诉案听证会。

12月20日，在《人民检察》发表文章《从"少捕慎诉慎押"刑事司法政策看刑事检察理念的转变》。

2022 年

1月，为"2021 中国法治实施十大事件"中"张中生案"作深度解读。

3月3日，出席中国政法大学诉讼法学研究院人民法院司法改革研究基地揭牌仪式，就深入推进以审判为中心的诉讼制度改革、全面深化司法体制改革做了发言。

9月24日至25日，参加刑事有效辩护国际研讨会，就有效辩护在我国刑事诉讼中的实施问题发表看法。

11月，主编的《中国现代司法制度》入选 2022 年度国家社科基金中华学术外译项目推荐书目。

12月10日至11日，参加中国式司法现代化与诉讼法制发展研讨会，并就中国式现代化和司法现代化的重大意义发表看法；24日，陈光中教授执教理念与实践研讨会暨陈光中教授执教七十周年座谈会举办。

2023 年

2月，接受澎湃新闻题为"人生难百岁，法治千秋业"的个人专访。

6月1日，主编的《刑事诉讼法》（第七版）英文版出版。

7月1日，出席刑事辩护专业化高端论坛。

10月7日，在《中国法学》发表论文《我国逮捕与羁押制度改革若干问题探讨》（与诉讼法学研究院博士后路旸共同合作，为第一作者）；27日，出席诉讼法学高端论坛（2023）暨诉讼法修改与诉讼法制发展研讨会。